DINKsなら
低リスク
不動産投資で
豊かに暮らそう！

「おふたりさま」の賢いお金のまわし方

花咲美樹
「幸せなお金の貯め方と使い方」伝道師

みらいパブリッシング

はじめに

「貯金はしてるけど、それだけじゃ不安な気がする」
「将来に備えるために今のうちから何か投資を始めたい」
「老後の蓄えのために不動産を始めたけど、どうもうまくいかない」

もしもあなたがそのような不安や不満をお持ちなら、ぜひこの本を読んでみてください。本書は、そんなあなたのために書いた本だからです。

初めまして。本書を手に取ってくださり、ありがとうございます。スピード資産形成の専門家、花咲美樹と申します。

私は現在、事務員として一般企業に勤めながら不動産投資を行い、約3億円の資産を形成するとともに、幸せなお金の貯め方をしたいと考えている方々にアドバイスを行っています。

そんな私だから断言できることがあります。

あなたは今から将来のための資産形成をスタートできる！


こんなことを冒頭から言うと、ちょっと怪しまれるかもしれませんね。

でも、そんなことはないのです。実は私も最初は知識ゼロ・人脈ゼロからいきなり不動産購入を始め、その後、結婚を機に不動産投資の世界に入って行きました。

詳しくは本文内でお伝えしますが、私はいわゆる「ＤＩＮＫｓ（子どものいない共働き夫婦）」です。子宝に恵まれず、子どもをあきらめたあと、夫婦で一緒にできることを探してたどり着いたのが不動産投資でした。

とはいっても、夫も私も定職がありますから、いきなり投資家になるのではなく、働きながらやっていけるアプローチを探しました。

現在ではシェアハウス２棟、ＲＣアパート１棟、戸建て１戸のオーナーになり、投資も仕事も続けています。

もちろん、その道は平坦なものではありませんでした。

失敗したことは数知れず（私はシェアハウス「かぼちゃの馬車」事件の被害者でもあります）。でも失敗の分だけ成功があり、今では不動産が資産としてだけではなく、まるで「自分の子ども」のように、なくてはならないものになっています。

もしもあなたが冒頭のような不安を抱え、何かを始めたいと思っているなら、今よりももう少し豊かになりたいと思っているなら、本書に書いてある内容を参考にして、新しいステージへ進んでもらいたいと思っています。

本書は私の成功談や失敗談を交えながら、女性でもできる手堅い不動産投資の方法を紹介しています。

私のようなＤＩＮＫｓの読者であれば、より身近にスタートできると思いますし、これから結婚を考えている方、シングルでそろそろヤバいかもと焦っている方でも、不動産の知識や投資の知識を身につけてもらえるよう、様々な角度から情報をお伝えしています。

不動産は、思った以上に資産形成に向いている投資方法です。ただ、専門的で高額なイメージのため、足が向きにくいのも事実。そういったことを本書で解消していければと思っています。

本書があなたの資産形成の一助となり、将来の不安を少しでも減らして、充実した楽しい生き方ができるようになればと願います。

Chapter 1
1年半で3億円の資産形成に成功!「不動産」は私にとって大切な子どもです

Chapter 2

男性よりも長寿の女性こそ、老後の備えは万全に！

Chapter 3
不動産投資が女性向きだと言える理由

Chapter 4

女性ウケする「物件選び」のポイント

Chapter 5

注意したい「金融機関」との付き合い方

Chapter 6

物件の「管理」で気をつけるべきはここ!

Chapter 7
こうすれば不動産投資の「落とし穴」にハマらない

RCアパート

木造シェアハウス

1

1年半で3億円の資産形成に成功！「不動産」は私にとって大切な子どもです

私の不動産ヒストリーは、身の丈に合わない賃貸タワマン生活から始まった

本書で主にお伝えしたいことは、女性ならではの不動産投資のコツや注意すべきポイントです。まずは、私の不動産ヒストリーを知ってもらい、本題に進んで行きたいと思います。

大学卒業後、メーカー系商社に入社して3年目。憧れの一人暮らしを始めました。初めての自分の城は、駅近でリバーサイドという好ロケーションの公団の賃貸タワーマンション。32階の窓からは東京タワーや都心の高層ビル群、晴れていれば遠く富士山まで見える贅沢な眺望の部屋でした。

ただし、家賃もそれなり。毎月10万円の出費は、入社3年目のOLにはかなりの負担でした。

毎月の生活は常にギリギリ。家賃を捻出するため、なるべく自炊して食費を削る日々。たまに実家に帰ったときには、食料品をもらって帰ろうとする娘を見て、両親はずいぶん心配していたようです。

あるとき、両親が「賃貸はいつまで経っても自分のものにならないから、同じ金額を払

うなら購入したほうが良いのでは？」と言ってくれました。憧れの一人暮らしの負の側面に悩んでいた私は、両親の提案に背中を押されるように、20代半ばの若さでマンションを購入したのです。

私が手に入れた初物件は、築30年の中古マンション。50㎡の3DKは、一人暮らしには充分すぎる広さでした。角部屋で三方に窓があって明るく、5階建ての最上階で解放感も抜群。窓から住宅街と青い空が見渡せるこの部屋が気に入りました。他の物件との比較もせずに即決してしまいました。

結果的にこのマンションには10年住むことになったのですが、住むほどに様々な不満点があとから出てきました。どのような不満点かについては、マンション購入時の重要なチェックポイントでもあるので、改めて別の章で詳しくお話しします。

海外での生活体験を経て、築古から新築のマンションへ

引越して、また3年ほど経ったころ、仕事や新居にもすっかり慣れ、平凡な日常生活にも飽きてきた私は、今度は海外生活に憧れるようになりました。

「OLを辞めてワーホリで海外に行こう！」と計画の準備を始めました。カナダとニュー

ジーランドに下見旅行にまで行ったのですが、いよいよという段階で両親の猛反対にあってしまいました。

親とはもめた末に「今の会社を辞めずに海外へ行くのなら協力する」という厳しい条件つきで決着。海外生活への憧れを捨てきれずに模索していたら、勤務先に「ボランティア休暇」という制度があることを発見！　これは、企業が従業員のボランティア活動を支援し、有給休暇や一時的休職を認めるという、ありがたい制度です。

ＪＩＣＡの青年海外協力隊に応募してフィリピンへの派遣が決定した私は、ボランティア制度を利用して会社を休職して参加しました。会社を辞めることなく、フィリピンの田舎町で2年間の海外生活を体験することができました。

フィリピンでの2年間は、私の価値観や常識に大きな影響をもたらしました。一番は通勤です。フィリピンから帰国後、私は元の会社に復職しましたが、満員電車に乗って通勤することができなくなっていました。フィリピンでは、平日は職場の近くに住み、週末は家族の待つ自宅に帰るという生活の人が珍しくありません。そんな環境に2年間もいたせいか、ギュウギュウ詰めの電車で往復3時間近くもかけて毎日通勤することに、心も身体も耐えられなくなっていたのです。

ほどなく私は、職場の近くへの引越しを決断。築古のマンションを売却して、品川の職場からほど近いベイフロント・エリア、天王州アイルの駅前のタワーマンションを購入したのです。

妊活をあきらめたとき、DINKsとしての絆が生まれた

品川・天王州のタワーマンションを購入したころの私は、結婚願望は皆無でした。愛猫2匹とともに、女一人で一生を生きて行くための「終の棲家」のつもりで買ったのです。ところが、新居での生活が半年ほど経つと気持ちに変化が現れました。このままずっと一人でいるのかと考えると、たまらなく寂しさを感じるようになったのです。

「一生のパートナーが欲しい」

「子どもが欲しい」

といった願望が、ムクムクと湧き上がってきました。

高々と婚活宣言をした私はすぐにパートナー探しを始め、驚く周囲を尻目に、わずか半年で現在の夫とゴールインしたのです。結婚によって、パートナーがいる安心感を手に入れることができました。

そして、「子どもが欲しい」という次なる目標のため、私はすぐに妊活をスタートしました。当時の私は36歳。すでに「高齢出産」と言われる年齢でしたが、「子宝は希望すれば授かるもの」と楽観していました。しかし、甘かったです。

約4年間に渡って、数件の産婦人科に通い、健康保険が使えない自費治療に十数回チャレンジ、高級新車が買えるくらいのお金も使いました。時間もお金も相当費やし、夫婦で必死に妊活をしましたが、望みは叶いませんでした。原因はわかりませんでした。

医学は進歩したといっても、できないことはたくさんあります。

新たな生命の誕生とは、奇跡のようなものであると教えられて、40歳のときに妊活をあきらめました。両方の親から「もう、いいんじゃないの？」という言葉をもらったことも、妊活をやめる良いタイミングになりました。親は子をよく見てくれているものです。

残念ながら、私たちの子どもを持つ夢は達成できませんでした。けれども、夫婦で妊活という共同作業をやりとげたことで、本当の家族になれたような気がしました。

これからの人生は夫婦の絆を大切にしながら、ＤＩＮＫｓ（子どものいない共働き夫婦）だからこそできることを探して行こうと思いました。

現在、夫婦で協力しながら不動産経営をやっています。これは妊活の体験がベースになっているのは間違いありません。

不動産投資との出会いが私の人生を変えた

子どもをあきらめた私が、次に目指したのは「夫婦の未来への投資」でした。生きがいにするものが必要だったのです。

まずは「自己投資」として、いろいろな習い事を始めたり、各種セミナーに通ったりしました。ワインスクール、料理教室、天然酵母のパン教室、健康法レイキ、断捨離、株式投資……。中でもいちばんワクワクしながら学んだのが、お金に関するセミナーや書籍でした。

子どもをあきらめた私たちが見付けたもの。それこそが「不動産」で、その不動産を育てるのが「不動産投資」だというわけです。

そもそも投資をやろうと決めたのは、「将来の年金にプラスαを確保して、お金の心配がない未来を過ごしたい」と考えたため。「老後破産」や「下流老人」という悲観的な言葉が流行り始めた時代だからこそ、早めに不安を払拭したかった。将来頼れる家族がいない夫婦だからこそ、何か対策すべきだと考えました。

不動産投資を学ぶまで、「不動産投資なんて、地主やお金持ちがするもの」というイメージが私の中にありました。恐らく、世の中の多くの人が以前の私と同じように考えているのではないでしょうか。でも、それは単なる思い込みです。少ない自己資金でも、不動産投資は始められるのです。

初めて投資用の物件を購入したのは2014年の暮れ。横浜の中古マンション、単身者用ワンルーム1部屋の区分所有でした。

それを皮切りに、この4年間でたくさんの成功と失敗をして、かけがえのない人生勉強をしたと感じています。

不動産投資に出会って、私の人生は変わりました。投資で手にいれたお金は、さらに自己投資や学びに使って、大家が集まる勉強会や塾にも参加するようになり人脈も変わりました。これまでの生活では出会うはずもなかった方々とのご縁もいただき、周囲の環境がスッカリ変わっています。

投資初心者には、メリットの多いNISAがおすすめ

投資は、不動産投資以外にも色々あります。リスクを分散するにも、また不動産投資の種銭を増やすにも、選択肢は多いほうがいいでしょう。

投資と聞いて、株式投資を思い浮かべる人は多いはずです。でも、最近の株式市場は高値圏に入っているので、初心者が今から軽い気持ちで始めることはおすすめできません。「ハイリスク、ハイリターン」という言葉はご存知でしょう。高いリターンを得ようとするなら、同じだけの高いリスクを想定しておかなくてはいけません。１００万円の元手を２倍の２００万にしようと狙うなら、同時に１００万円を失う覚悟もしなくてはならないのです。

だからこそ、万が一の場合は失ってもいいお金で勝負すること。初心者にとって、株のリスクは怖いものだと肝に命じておいてください。

初心者、特に女性が手がける投資は、利益が確実に取れる方法「ローリスク、ローリターン」で行なうべきです。

また堅いリスク対策として、株式や投資信託などで獲得した利益（譲渡益、配当金）を減らさない工夫をしましょう。

例えば「Ｎ《ニ》Ｉ《ー》Ｓ《サ》Ａ少額投資非課税制度」の活用などがおすすめ。ＮＩＳＡとは、国が資産運用を推奨するために用意している利益が非課税になる制度です。

通常は、株式や投資信託などの金融商品に投資をした場合、売却して得た利益や受け取った配当に対しては、それぞれに20％の税金がかかります。

例えば、株を売却して1万円の儲けが出たら、2000円は税金で差し引かれます。株主の配当金に対しても、もし1000円の配当金なら、税金として200円がマイナスされるわけです。結果、手取額はそれぞれ、8000円と800円になります。

「NISA口座（非課税口座）」内における取引であれば、税金がかからないので、1万円と1000円が全額手に入るのです。NISAのメリットは大きいです。

【受取額の例】

	株売却後の利益	配当金
NISA口座	10万円	1000円
特定口座（税引後）	8万円	800円

NISA口座は、証券会社のネット口座で作るのがおすすめです。

ネット口座は株や投資信託の購入手数料が安いところが多く、NISA口座だとさらに割引してくれる証券会社もあります。

メリットがあるNISA口座ですが、残念ながら運用金額と期間には上限があります。投資金額は年間120万円まで、運用期間は5年間までというのが条件です。

今年（2019年）を例にとってみましょう。今年は120万円まで投資が可能です。

今年を含めて5年間、2023年の年末までの運用が非課税の対象となります。この期間であればいつ売却しても、利益が出た場合は税金がかかりません。支給される配当金も同様です。

2020年に投資をしたものは、2024年の年末まで、2021年に投資をしたものは、2025年の年末まで……となります。

その年に投資したものは、何月に投資をしても、その年を含めた5年間が非課税です。となると、毎年の年頭に投資を始めて、配当金を早く受けとったほうがお得といえます。配当金は「3月と9月の末の所有基準」で決める会社が多いので、年初から株を所有していれば、3月と9月の両方の配当金が非課税でもらえます。もし年の後半に、株を購入した場合は、初年度の配当に関する恩恵はゼロです。

そして、NISA口座は、株価が大きく上昇して売却利益が出るような場合を除き、途中で売却するよりは、全期間を通じて保有して、期間中の恩恵をもらうほうが得策です。つまり、NISAは長期投資向きと言えます。

もちろん、5年間投資を継続することは必須ではありません。売却は自由です。株価が途中で上昇したら売却して譲渡益を確定できます。ただし、一度売却してしまうと、その金額分を再利用することはできず、NISA口座の投資金額は減ったままとなります。その点、注意して下さい。

なお、5年の期間が終わったあとの選択肢は3つあります。

①ＮＩＳＡ口座から特定口座（課税される口座）に変更する

特定口座に移す段階では、税金はかかりませんが、特定口座で売却する時や配当には税金がかかるので注意が必要です。特定口座で売却するときの基準価格は、特定口座に移動したときの価格となります。

②翌年のＮＩＳＡ枠にスライド（ロールオーバー）させる

２０１９年に投資すれば２０２３年の年末まで非課税です。２０２３年になった時点で、また新しく生まれる１２０万円の上限枠に、そのままＮＩＳＡ口座で所有する株をスライドさせることができます。スライドさせれば、その後5年間はまた非課税で運用できるので、最大10年間非課税となります。

③保有期限内にＮＩＳＡ口座で売却して、一度利益を確定させる

２０２３年の年末で非課税が終わる分の株価が、１２０万円以上になっている場合は検討が必要です。株価が１２０万円以上に上がっていれば、１２０万円の上限を越えた分もＮＩＳＡ口座に移せますが、新規購入の枠はまったくなくなります。ＮＩＳＡ口座で一度売却して、利益確定するのも良いと思います。

また、通常のＮＩＳＡとは別に、「つみたてＮＩＳＡ」が２０１８年からスタートしています。こちらは従来のＮＩＳＡでの運用より、もっとリスクを減らした投資をしたい方におすすめです。

「つみたてＮＩＳＡ」は、長期・積立・分散投資を支援するための非課税制度で、購入可能な金額は年間40万円までです。購入方法は毎月定額と限定されますが、非課税期間は20年間、長期運用できることが特徴です。

購入可能な商品は、指定の投資信託に限られています。インデックス型の投資信託を選択すれば、過去実績を見る限り、20年かけて堅実に増やしていけそうなものが多いので、20～30代の若い世代におすすめです。

毎月３万円をコツコツと複利で積立した場合、20年後には、平均２％利回りの場合で８８５万円、３％利回りの場合は９８７万円になります。

この計算で行くと、ＤＩＮＫｓ夫婦それぞれが40歳から始めれば、60歳のときには夫婦で約２０００万円を受け取れる計算です。退職金＋αとして、この金額は魅力的ではありませんか？

非課税が特徴のＮＩＳＡ口座は、早く始めて、できるだけ長く運用したほうがお得です。まだ始めていない人は、今すぐにでも始めましょう。まずは、口座開設です。

時間を味方に付ければ、お金を増やすのは決して難しいことではありません。

※ＮＩＳＡについてのさらに詳しい情報は金融庁のＨＰを確認してください。
https://www.fsa.go.jp/policy/nisa2/

銀行に貯金をするくらいなら「不動産投資」がおすすめ

今や、普通預金の金利は、過去に例を見ないほどの低金利時代です。

日銀のマイナス金利導入後、一般的な普通預金の金利は０・００１％。定期預金でさえも、０・０１％という水準です（２０１９年３月現在）。

保険会社が扱っている学資保険や個人年金保険、養老保険なども、マイナス金利の影響で「貯蓄性」という本来の魅力がめっきり低下してしまいました。むしろ、保険料を上乗せして払わないといけない保険商品も出てきています。

今のところ、普通預金や定期預金は中途解約しても、保険のような元本割れはありません。でも、今後はどうなるかわかりません。中途解約すると元本割れしたり、手数料を取られる可能性も否定できないのです。

それほど遠くない将来、銀行にお金を預けておくと、利子がつくどころか手数料がかかるのが普通になるかもしれません。

都市銀行では、口座維持にかかる費用として、お客様から「口座維持手数料」を徴収する検討を始めているというニュースが目につくようになりました。無料で銀行口座を管理してもらって、お財布代わりに使わせてもらえることに感謝しなくてはいけない時代が来るのかもしれません。


いずれにしても、ただ銀行に預けているだけでは、これから先はお金の価値が目減りしていきます。今の100万円と、10年後の100万円では、価値が違います。お金の価値は時間の経過とともに下がっていくのです。今この瞬間も、ゆるやかにインフレは起きていて、100万円では購入できない商品やサービスが徐々に増えているのです。

だからこそ、前章で紹介したNISA制度を国が提供しているのです。「国民は自分でインフレ対策しなさい」という意味なのです。

日本銀行はマイナス金利政策により、経済の活性化、インフレを目指しています。今、私たちがすべきことは、マイナス金利のメリットをうまく活用して、デメリットを補うような資産形成をすることです。

これからの時代は、資産運用は必須。お金を抱えているだけではダメ。お金に活発に働いてもらいましょう。

現在の金融情勢にも、メリットはあります。それは、金融機関からの借り入れが利用しやすくなっている点です。マイナス金利は、お金を借りる人にとっては低金利で借り入れができるので旨味があります。

特にマイナス金利は住宅ローンへの影響が大きく、マイナス金利導入後の住宅ローンの金利は下がり続けています。２０１９年3月時点のネット系住宅ローン会社の金利は０・4％（変動金利団信保険料は除く）という低水準です。不動産投資用も、ローンをうまく活用して、お金に働かせましょう。

我が家の場合は、ハイブリッド型（異なった要素の組み合わせ）で資産を運用しています。

投資は、不動産投資、株、投資信託。不動産物件の種別としては、アパート、シェアハウス、戸建住宅、区分マンション。新築、中古と色々な種類に分散して、試行錯誤しながら運営しています。銀行ローンは、アパートとシェアハウス2棟で約3億円を借り入れて運用しています。

お金を毎月動かしています。家賃収入が入ってきて、ローン返済と運営費で出ていきます。回転操業しながら、手元に残るお金が、「キャッシュフロー」と呼ばれる手残りになります。

昨年からシェアハウス問題を発端としたS銀行の融資が引き締められて、アパートローンは貸出基準が厳しくなっています。しかし、資産性があり、収益性も見込める物件であれば、まだまだ融資は引けるようです。金融機関だって、優良な貸し出し先を探しているのです。経済というのは、お金の流れが止まってしまってはいけません。常に流れるべきなのです。

最近では、米国が景気回復を背景に金利引き上げを始めているので、日銀も同じく金利引き上げを始めることも考えられます。そうなる前に、不動産を担保とした借り入れによって、資産を増やしておくことをおすすめします。

「不動産投資」は子育てに通じる

私には子育ての経験はありません。でも、「不動産投資」は、子育てに通じるものがあると思っています。子どもには一人ずつ個性があって、おとなしくて手がかからない良い子もいれば、とても手がかかる問題児もいます。不動産も同じです。子育てをしながら人生を学ぶ。今は、そんな感覚で不動産投資をしながら、人生を勉強しているつもりです。

大家仲間の女性たちにも、私と同じような感覚の人が多いので、不動産を子どものように思えるのは女性ならではの感覚かも知れませんね。

不動産投資は楽しいことだけではなく様々な苦労もありますが、そんなところも子育てに似ています。そして、苦労さえも楽しみながら、一つひとつを乗り越えた先で、素晴らしい景色が見えるのではないでしょうか。

私が、自主管理で運営しているアパートは、ほとんど手もかからず、問題もない良い子です。

この物件は、2年前に築19年の物件をオーナーチェンジで購入しました。オーナーチェンジとは、入居者が入っている状態の物件を前所有者から引き継いで、そのまま運営することです。

購入時は、全5室が満室の状態で引継ぎました。半年後に1室退去がありましたが、1ヶ月後には次の方に入居いただきました。

最初は自主管理できるかと不安もありましたが、前の所有者も女性オーナーで自主管理運営されていたとお聞きして、私もやってみようと決めました。今は、あのとき決意して良かったと思っています。

シェアハウスに関しては、1棟は自主管理。もう1棟は、管理会社にお願いして代行運営してもらっています。少しでも運営コストを下げるために、自分でできることは自分でしています。

例えば、共用部の掃除は、大家の重要な仕事のひとつです。私は、清掃業務の代行を個人の方に依頼しています。清掃の方と直接お話して、物件の現況報告もしていただけるので、物件ごとの状況が把握できます。

また、シェアハウスの共用備品の管理と補充（トイレットペーパーや洗剤などの消耗品等）も、大家の仕事のひとつです。入居者からは家賃とは別に共益費をいただき、それで物件の運営費全般（消耗品購入、備品設置、水道光熱費、インターネット費用、清掃費等）を賄っています。

シェアハウスは共用部分も多く、アパートなどに比べて手がかかります。自主管理のアパートのほうが何倍も楽です。でも、手をかければかけるほど愛着が沸いてきて、やりがいを感じています。


シェアハウスは、2年前に新築で購入した木造2階建て、個室が各棟に10部屋あります。当初、シェアハウスは、サブリース契約をしていました。サブリース契約とは、管理会社が、アパートやシェアハウス1棟を丸ごと借り上げて運営してくれることです。オーナーは、その管理会社から、毎月一定の賃料をいただく仕組みなので、実際の入居率や経費は関係ありません。こう書くと、サブリース契約は一見楽なように思えるでしょうが実は危険なのです。

２０１７年10月頃にサブリース契約している会社から家賃減額の通知が届き、この会社は危ないと察知して年末に契約を解約して、管理会社を変更しました。

それをきっかけに、シェアハウスの運営に携わるようになったのです。丸ごと1棟おまかせだったころは、オーナーの私は何もしない、ただの一投資家でした。それが突然、シェアハウスの運営をしなくてはいけない状況になってしまい、この1年間必死で向き合いました。

世田谷のシェアハウスは、年初に引き渡されたときは、10室中3部屋しか入居者がいませんでした。

入居者を獲得するため、新しい管理会社と協力しながら色々な募集活動を実施。管理会社にはホームページの広告の充実を図ってもらいました。オーナーの私は掲示板のコミュニティサイトで入居者募集を呼びかけ、問い合わせにはできる限り迅速かつ誠実に対応するよう心がけました。

入居してもらいたい人をイメージして、空室にモデルルームを作ったり、新生活を応援する気持ちを込めてお布団を無料で提供したり。様々な施策を行うことで、半年後には10室満室になりました。

ただ、シェアハウスは手軽に入居できるので、早々に退去もされてしまいます。出入りが激しいため、集客活動は継続して行なわなければいけません。この半年間の苦労で集客ノウハウが身につきました。

自分も関わりながら一緒にがんばっていくと、愛着が沸いてきます。ダメな子ほど可愛くなるものです。一歩ずつ丁寧に向き合っていくしか方法はありません。時間が解決してくれる部分や、思い通りにならない部分もあります。これはまさに、子育てと同じではないでしょうか。

大家にとって「入居者」は、もう一人の子ども

「不動産事業」は子育てに通じる部分があり、所有する物件は、わが子のように育て管理するもの、とここまでお話ししてきました。

そして「入居者」もまた、大家にとっては大切な子どもです。今はあまり聞かれなくなりましたが、入居者は「店子《たなこ》」と呼ばれています。「大家と言えば親も同然、店子と言えば子も同然」ということわざがあるとおり、昔は家主と借家人とは実の親子と同然の間柄であるとされていました。

入居者の問題は、今も昔も同じです。やはり、入居者全員がまったく問題なしとは行きません。うちの場合は、シェアハウスで問題がたびたび発生しています。共同生活が前提の生活スタイルなので、入居者の人数が増えるほどに発生する問題の数も種類も増える傾向があります。

シェアハウスにはハウスルールを設けているのですが、中には守らない人もいるので、他の入居者から度々、クレームが発生します。

深夜から早朝は音が発生することを禁止しているにも関わらず、真夜中に洗濯機を回す

人や、早朝にドライヤーを使用する人、部屋の掃除をする人。共有の洗濯槽内に洗濯物を放置したまま外出してしまう人。個室のドアの開閉音がやたらうるさい人。脱衣所を水浸しにする人。洗面台前に髪の毛を落としたままの人。夜中に部屋の模様替えをするなんていう人までいるので、ほとほと手を焼きます。

シェアハウスのオーナーは、管理を管理会社にまかせているケースが多いです。当然ながら管理委託費用が発生します。

このような入居者からのクレーム、入居者間の調整、共用部の管理、入退去の対応など、シェアハウスの管理は手間がかかる部分が多いため、通常の賃貸物件（アパートなど）よりも管理委託費用はかなり割高なのは仕方ありません。

管理委託費用の額は、家賃収入に対しての割合で決めている会社が多いですが、アパートの場合は3～5％が平均的。一方でシェアハウスの管理委託費用は、10～20％のところが相場です。それだけ、シェアハウスは管理に手間暇がかかることが数字に現れていますね。

シェアハウスに入居しているのは、平均年齢が20～30代前半の人たちで、私の同級生の子どもたちとほぼ同じ世代です。ということは、アラフィフの私にもその年代の子どもがいても不思議はないということ。そう思うと、シェアハウスの入居者たちへの思いは、親の感情に近いものが湧いてきます。

彼女／彼らの人生が素晴らしいものになるように、何かしてあげたくなります。東京で夢が叶うようにという願いを込めて、シェアハウスは「Ｄｒｅａｍ」と命名しました。

気がつけば話の内容も、不動産投資家から不動産賃貸業に変わってしまっていますが、今は子育ての疑似体験と人生勉強をさせてもらっているのかも。

私たち夫婦の会話は不動産関連の話でいつも盛り上がります。そんなときの私たちは、父親と母親が子育て論を交わしているように見えるかも知れません。

不動産や入居者という子どもを持ったお陰で、マンネリ夫婦にも新鮮な風が吹きました。ＤＩＮＫｓが大家になると、私たちのように共通の生きがいを持てて、人生が面白くなりますよ！

ペットや子どもよりも長い付き合いが可能な「不動産」

我が家にはメス猫が2匹います。彼女たちは、我が家のペット2代目です。

いつもそばにいて癒してくれるペットたちにも、例外なく永遠の旅立ちのときがやってくるもの。かわいい子どもの場合なら、いつかは成長して離れていきます。子どもの自立は喜ばしいことですが、その反面で別れる寂しさは拭えないのでは？

では、不動産という子どもとの別れはどうでしょうか。

普通は、自分の意思で別れを決められます。もちろん、経済的な問題、社会的な問題、様々な例外は発生するでしょうが、ほとんどは自分の意思次第で手放すか否か、時期はいつかなどを決められます。

昨年、購入した木造2階建ての戸建ては、築45年の築古物件です。私とほぼ同年代ですが、今でもバリバリ現役です。まだ充分に生活できるので、戸建て賃貸物件として働いて稼いでくれています。適切に修繕、手を入れてあげれば、築80年くらいまでは大丈夫だと思っています。

海外のマンションなどは、築１００年でもあたり前に残っています。日本のマンションは歴史が浅いので、現存する古い建物が少ないだけで技術的には築１００年でも可能だそうです。これからは、長寿のマンションも増えてくるはずです。

賃貸物件の場合、築20年や30年を過ぎると、その先の家賃は同じです。部屋の中のリフォーム状況が、良し悪しのポイントです。築古の区分マンションを格安に購入して、リフォームして貸し出し売却するというのは、お手軽で堅実な方法です。

ただし、古いマンションには「管理を買え」という言葉が昔からあります。管理によって、その価値には雲泥の差が出てしまうので、くれぐれも注意してください。

特にマンションは区分で所有しても、自分一人の努力ではなかなか建物全体の管理などを変えることはできません。築年数の古さだけにとらわれず、きちんと管理されているか否か、共用部の掃除が行き届いて清潔かどうかを見極めるのが、中古マンション購入のポイントです。

「子離れ＝売却」すれば、老後の資金が狙えます

老後のサポートのために始めた不動産投資ですから、常に目的を忘れてはなりません。

私が物件を購入するときのポイントのひとつに「出口戦略」があります。「出口＝物件売却」です。そのためには最初から売却しやすい物件を選ぶことが肝心。基準は「何年か先でも自分が欲しいと思えるかどうか」です。自分が欲しいと思う物件は、たいていは他にも欲しいと思う人がいるはずですから。

出口戦略の一番重要ポイントは立地。立地だけはどうがんばっても、あとから変更するのが不可能なだけに重要度は高いです。まさに〝不動産〟ですから。

私は、都内23区の山手線の西側のエリアを中心に物件購入しています。現在、所有している不動産は、大田区、世田谷区、豊島区。自宅は品川区です。

このエリアは昔から人気があって、売却しやすいエリアと言われています。その分、土地値は安くはありませんが、暴落する可能性は限りなく低いです。

遺産相続をする必要がないDINKsは、とにかく売却しやすい物件を購入することがポイントです。「老後を迎えたら、物件をすべて売却して、高級老人ホームにでもお世話になろう」——私たち夫婦はそう考えています。

手間ひまかけた物件ほど、可愛さが増す

何事も本気で行動すれば、夢を叶えることができます。今は、自分の思い描く通りの人生を手に入れることができる時代なのです。

まずは自らの内にある「夢」に気づくこと。

「何がしたいのか?」

「どんな風になりたいのか?」

「自分の人生をどうデザインしたいのか?」

自分の描く夢に気づいて、その夢を叶えるべく進み出すと、本当に自分が望む未来にア

ンテナが向いて行動できるようになるはずです。
「この夢は叶う！」「きっとうまくいく！」――そう信じて行動することが、成功の秘訣だと思います。

夢は、一人では決して叶えることができません。必要に応じてパートナーを見つけて、協力してもらいましょう。自分の望みは、声に出して伝えましょう！

不動産経営の対象は不動産という物件ですが、そこには必ずたくさんの人が関わっています。人の数だけ問題や手間が生じるものです。だから、一緒に動いてもらえる協力者やアドバイザーの存在は欠かせません。夢を実現できるかどうか、成功するかどうかは、周囲の人の協力が重要なキーポイントになるのです。人間一人でできることなんて、たかが知れているものです。

そう考えると、夢を実現することは子育てと似ていませんか。一人では子どもは育てられないし、周囲との協力が成功の秘訣というところは不動産と同じではないでしょうか。

そして、愛情を注げば可愛くなるところも同じ。

不動産物件も、足繁く通うほどに愛情が沸いてくるものです。何が必要とされているのか、何を求められているのかということも、接する回数が増えるごとになんだかわかってきます。

やがては手放すつもりの投資用物件のはずが、いつの間にか街ごとひっくるめて好きになっていて、「将来はこの街に暮らしてもいいかも」なんて考えることもあるから不思議です。

入居者との関係性にしても、一人ひとりとコミュニケーションが取れている物件は愛着度が違います。物件を訪問することが楽しくなるのです。

「今日はどなたと会えるかしら?」と思って訪問して、実際に会えたりすると、嬉しさもひとしお。人と人との温かい関わりの上に成り立つ不動産投資は、本当に魅力的だと私は思います。

愛情を込めて育てた物件は裏切りません。自分の手で正しく運営して長く付き合えば、未来の生活をサポートしてくれる心強い存在に、きっとなってくれるはずです。

願望成就の法則。「思い×行動×時間×人」という数式があります。

加えて、必要に応じてお金を使うことも、成功スピードを早めます。利他の精神で使ったお金は、回り回って必ず戻ってくるもの。お金は流れに乗せて、回すべきものと思います。

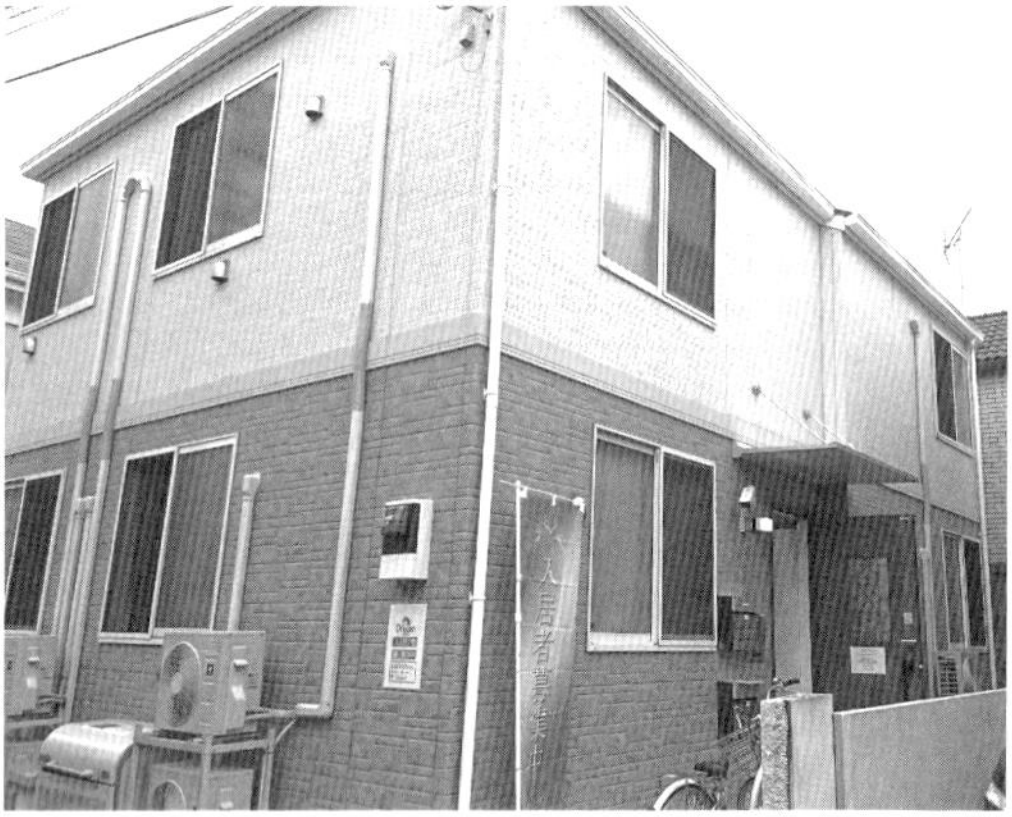

木造シェアハウス

2

男性よりも長寿の女性こそ、老後の備えは万全に！

女性にこそおすすめしたい低リスク＆少額資金の錬金術

医療や生活環境の目覚ましい進歩によって、人生100年時代がやってくるのは遠くないと言われています。けれど、平均寿命が長くなることを単純に喜ぶわけにいかないのは、誰もが感じていることでしょう。

寿命が延びれば、その分だけ老後期間が長くなるわけです。その上、年金の支給開始年齢は段階的に引き上げられ、恐らく75歳になるでしょう。そうなると、仮に60歳で定年を迎えてから年金支給開始まで、15年もの期間があるのです。

しかも、支給される公的年金も、それだけでは老後の生活を支えるのに充分な額ではありません。「お金がない老後」という切実な未来が待っているのです。

だからこそ、1歳でも若いうちから、賢い方法で資産形成を始めましょう。平均寿命が男性を上回る女性は、なおさら。穏やかで幸せな老後を迎えるか、不安しかない先細りの老後を迎えるか、それは今のあなた次第で決まります。

「備えあれば、憂いなし」は、まさに人生の真理なのです。

資産の作り方にも色々ありますが、私が自身の経験と実績を交えながらお伝えする錬金術は、限りなく低リスク＆少額の資金で始められる「プチ不動産投資」です。

この投資術が向いているのは、30代〜40代のＤＩＮＫｓ女性、生涯シングルを決意している女性、シングル・アゲインの女性などを含め、女性全般の人生設計にお役に立つと自負しています。

自宅の購入や買い替えは、不動産投資に有益な体験学習

不動産（住宅）は、大きく分けると2種類に分けられます。ひとつは自分や家族が住むための居住用不動産（自宅）。もうひとつは、賃貸料や売却益などを得ることが目的の事業用不動産です。

本書でお伝えするテーマは不動産投資ですから、本来なら後者の事業用不動産についてのみの記述でいいのかも知れません。でも、この章ではあえて、自宅の売買の経緯や物件情報を掘り下げて書いてみます。

なぜなら、自宅の購入や買い替えをしたことが、後に投資物件を購入する際に大いに役立っているから。いわゆる「ユーザー目線」「購入者心理」を理解できていることは売り主としての強みになります。以下に私の自宅遍歴を記載します。

【ケーススタディその1／板橋区の中古マンション】

賃貸住まいだった私が、初めて購入した「自宅」は板橋区の中古マンションでした。当時の私は不動産の知識などまったくありません。なので、他の物件と比較検討することさえもせずに、1000万円以上の買い物をほぼ即決してしまったのです。ずいぶんと大胆で無謀でした。

・・・・・・・・・・・・・・・・・・・・・・・・・・

★物件概要（築古マンション、区分所有）
築30年　専有面積（壁芯）51・3㎡の3DK
5階角部屋　エレベーターなし　最寄り駅徒歩15分　自主管理（総戸数20戸）

★購入費用　　※以下、金額はすべて概算です
本体価格　1250万円
（元々の販売価格1450万円のところを指値で交渉成立）
※指値＝不動産売買の際に買主が希望する価格
諸費用とリフォーム代　　100万円

合計　１３５０万円

★購入資金の内訳
頭金（自己資金）　３５０万円
ローン借入金額　１０００万円
固定金利　２％（2年間の固定金利を更新）
返済期間　10年
返済方法　元利均等返済

★売却情報
購入から10年後に売却
売却価格　６５０万円
不動産販売業者による買取

・・・・・・・・・・・・・・・・・・・・・・・・・

売却時の私には、所有物件を賃貸に出すという考えがまったくなく、「自宅は買い替えるもの」と思いこんでいました。

「築古、駅から遠い、EVなし」と売れにくい要因を抱えた物件だったため、なかなか買い手がつかず、結局は不動産業者にかなりの安価で買い取ってもらうことになりました。

そのときは「少しリフォームして賃貸に出す予定」と言っていた不動産業者の言葉も聞き流していたのですが、改めて賃貸に出した場合の想定利回りを計算してみると、10％以上になります。銀行に預けるより何倍もお得です。もし戻れるなら、安く売ることはせず、最低限のリフォームをして賃貸に出したいです。

【ケーススタディその2／品川区の新築マンション】

板橋区の築古マンションを売って次に購入したのは、品川区の新築マンションでした。1軒目のマンションの学びを活かして、今度は駅近の新築タワーマンションにしました。

ただし、新築物件にも注意点はあります。それは「新築プレミアム価格」なるもの。新築の場合、販売や企画、建築業者など、関係者すべての利益が上乗せされるため、必然的に高額です。そのため、将来的に値下がりする可能性が少ない好立地の物件を購入しておかないと、売却時に大損をする可能性があります。また、ほとんどが完成前の青田買いとなるので、モデルルームでのシミュレーションが大事です。新築物件を購入する際は吟味に吟味を重ねて買うべきです。

でも、夢のマイホームとして「終の棲家、長く住み続けるつもり」と考えているのでしたら、直観で購入されても良いと思います。将来的にこの先どうなるかわからない、結婚するかも、と思える人は売却を意識してくださいね。

・・・・・・・・・・・・・・・・・・・・・・・

★物件概要（32階建て新築タワーマンション）
平成17年新築（完成の1年前に購入）
7階角部屋　駅前物件、占有面積（壁芯）52・7㎡の1LDK

★購入費用
本体価格　3150万円（完成前物件のため、価格交渉不可）
諸費用とオプション代　100万円
合計　3250万円

★購入資金内訳
頭金（自己資金）　約550万円（物件価格の約17％）

ローン借入金額　２７００万円
固定金利　１・48％（住宅金融公庫融資）
返済期間　35年
返済方法　元金均等返済

★売却情報
購入から3年後に売却
物件売出価格＝売却価格　３５８０万円（値引きなし）
売却活動期間：１ヶ月
・・・・・・・・・・・・・・・・・・・・・・・・・・・・・・・・・・・・・・・

このマンションは、私は「終の棲家」のつもりで、選び抜いて購入したお気に入りでした。にも関わらず売却を決めたのは、想定外で結婚したから。夫婦2人になると１ＬＤＫでは手狭になったからです。

30代の二人、お互いに一人暮らしが長かったので、１ＬＤＫでは、パーソナルスペースが作り出せなかったのです。また、将来的には子どもを持つ予定だったので、それを見越して広い家に買い換えることを決めました。

理想的な収益モデルを実践、スムーズに次のステージへ

幸運なことに、売却を決めて、わずか1ヶ月で購入希望者が決定。3年前の購入価格よりも、高い価格で売却することができました。

自分が気に入った物件を安く買い、まずは自分で住んでから高く売る。不動産収益モデルの基本ともいえる流れは、この物件に教えてもらった気がします。

初めての売買のときと違って、しっかりと利益は得ましたが、このときも物件は単純に手放しただけに終わりました。賃貸物件として運用したほうがお得かもしれないと考えて、見積もりを取ったものの、結局は決断できずじまいでした。

決断ができなかった理由は、売却した現金を次の物件の自己資金にして、借入金額を抑えることを優先したためでした。現在の自宅購入時には、一度、夫婦それぞれで住宅ローンを組みましたが、私の分は早々に繰上げ返済でローンを完済してしまいました。住宅ローン控除の節税もできたので、急いで返済する必要はなかったのに、と後悔しています。当時は、借金が増えることがとても怖かったのです。まさか、その数年後に高金利のアパ

ートローンを億単位で借り入れすることになるとは、夢にも思っていませんでした。
このときの買い替えでも、良いことと悪いことの両方を経験しました。

【良かった点】
・すぐに買い手が見つかったこと
・売却時の条件に「物件引渡日」を入れたので、仮住まいが不要だったこと

【反省点】
・短期決戦にしたこと（もっと高く売れたかも？）
・賃貸物件として運用しなかったこと

短期決戦にせず、売り出し価格を高めに設定して、段階的に値下げするつもりで、長期的計画で販売活動を行なえば、もっと高値で売れたのではないかと思います。
また賃貸物件に運用していれば、ひとつの資産になったかもしれません。駅前の物件は値下がりしづらいことを実証するがごとく、現在は売却時より相場は値上がりしているのです。

希望条件を満たしたのは、マンションではなく一戸建てだった

私たち夫婦は、結婚して1年が過ぎたころから、新たな家探しを始めていました。家探しは紆余曲折を経て、当初の想定とは違う現在の自宅を手に入れることになります。

私たちが家に求める、譲れない条件はいくつかありました。

夫の趣味が車だったため、駐車場つきであることは外せません。

二人とも勤務先が京浜地区なので、エリアは品川から横浜まで。最寄り駅から徒歩5分以内。そして、間取りは2LDK～3LDKを基本条件としました。

まずは新築マンションから探索を開始しました。週末は、大井町、大森、蒲田、川崎など、駅前の大規模なファミリー向けマンションを中心に、モデルルームを見て回りました。

今からおよそ10年前。当時の不動産相場は今よりは若干安めでした。でも、建築資材が値上がり始めたころだったため、希望する条件に合致する物件はどれも5～6000万円くらいが平均価格でした。

新築マンションは、当時からすでに人気がありました。私たちが「いいな～」と感じる部屋は申し込みが複数件入り、抽選という状況でした。それは今も変わっていないようです。我が家も2回申し込みをしましたが、いずれも抽選にもれて購入できませんでした。

もし、あのとき当選していたら、今頃我が家はどんな風になっていたのでしょうか。築10年の中古マンションにはなっているものの、恐らく購入価格とさほど変わらない金額で販売できるのではないかと思います。抽選の物件＝人気の物件です。今も昔も駅近のマンションは人気なので、中古でもほぼ値下がりしていないはずです。すっかり投資家脳になっている今は、「あのとき当選していたらな～」と皮算用をしてしまいます。

私たち夫婦の家探しは、途中から戸建て住宅に路線変更となりました。

マンションの場合は「管理費、修繕積立金、駐車場代」が毎月の固定費として出ていきます。つまり、ローンの支払いにプラスαの支出が毎月必要です。同価格帯で戸建て物件を購入した場合、毎月の支出は戸建て住宅のほうが安く抑えられることに気が付いて、一軒家に方向転換しました。夫の趣味が〝車〟で、駐車場が必須の我が家には、駐車場代金を抑えることが必要だったのです。

戸建て住宅も、ピンからキリまで多種多様です。新築にしろ、中古にしろ、まったく同じ条件の物件というのはありません。一応相場はありますが、売り主の希望によって販売価格も様々、個々にユニークな価格づけがされています。

新築の建売住宅を数十件見ましたが、「これ！」といった物件とは出会えませんでした。建売住宅というのは、コンセプトのほとんどが家族4人くらいの生活を想定して造られていたからです。ＤＩＮＫｓの私たちが、気に入った間取りを見つけられなかったのは仕方ありません。

【ケーススタディその3／現在居住している戸建ての自宅】

私たち夫婦の希望は既存の建売住宅では難しいことがわかり、自分たち仕様の家を建てることにしました。ここでまた路線変更して、土地、設計士、建設会社を、それぞれ探しました。

ほどなくご縁があって、品川区の駅から徒歩5分、約15坪の小さな土地を購入。狭小住宅が得意な地元の設計士にお願いして、自分たちにあった間取りでプランを立ててもらいました。建設は設計士が紹介してくれた地元の建設会社に任せて、木造3階建ての小さな家が完成しました。間取りは2ＬＤＫ＆サービスルームです。

1階は、ビルトインの駐車スペース、和室、風呂、トイレ。

2階は、キッチン、リビング、トイレ。リビングは一部吹き抜けになっていて、リビングの中に3階への階段があります。

3階は、階段を登った踊り場の吹き抜けに面したスペースが書斎で、奥に寝室です。

注文住宅は高いというイメージがありますが、我が家の場合は新築マンションと同じくらいの金額で手に入れることができました。デザインや仕様は自分たちの希望どおり。マンションが購入できなかったことがきっかけで、理想の家を手に入れられたのです。

ただ木造住宅の場合は、資産価値の目減りが早いのが懸念材料です。築10年が経過した現在、中古住宅で販売したとすれば、購入総額（建設にかかったすべての費用と土地代）より、4割程度低い金額になると査定されました。

建物の原価償却期間が、木造は22年のためです。償却期間はＲＣのアパートの半分以下です。

10年間の下落価格を約１８００万円として、10年間の月数（１２０ヶ月）で割ると、毎月15万円になる計算です。毎年発生する固定資産税は、住宅ローン控除とほぼ相殺できるので計算対象から外すと、毎月15万円で「新築戸建てと駐車場」を賃貸で暮らしていたのと同じという計算結果です。単純に考えると、近隣エリアの賃貸相場は約17万円なので、それよりは割安に暮らしてきたようです。賃貸よりは、お金の面でのお得さは少しだけですが、自分たちの仕様に合った家に住めて満足しているので、総合的にはお得だったと思っています。

世間では「戸建住宅に住んだら、マンションにかかる修繕費のつもりで積立預金をすべし」と言われています。積立預金に限定しなくても、何らかの方法でお金を確保している状態を作っておけば安心です。

我が家では、マンション暮らしなら発生するであろう修繕費相当分を、株、投資信託等で運用しています。積立貯金で寝かせておくだけよりも、お金が働いてくれる分だけお得感があります。しかも、必要なときにはすぐに現金化できるようにしています。

買い手がつきやすいマンションの条件は築古マンションから学んだ

初購入の築古マンションは、約10年間所有していましたが、その間に感じた不都合や不満、問題点が5つありました。

裏を返せば、この5つの問題点の逆が人気物件の条件だと気づきました。すなわち、売れやすい（あるいは借り手が見つかりやすい）物件を見極めるポイントでもあるわけです。

◆人気のポイント1：駅からの距離は近いほうがいい

初めて購入した築古マンションの場合、販促チラシには「駅から徒歩15分」となっていました。でも、実際に歩いてみると、ゆうに20分はかかりました。

不動産のチラシなどの物件概要に表記される「徒歩●分」の基準は、「1分間＝80メートル」で計算するのが不動産業界のルールです。

でも、実はこの数字は、成人男性を対象に算出されたもの。女性の歩幅は男性よりも狭く、歩くスピードも若干遅いので、同じ距離を歩く場合の所要時間は男性よりも長くなります。女性が1分間に歩ける距離＝およそ60メートルで算出すると実際に近い所要時間がわかります。

駅からの所要時間が15分というのは、「ちょっと遠いな」と思われても仕方ない距離です。

◆人気のポイント2：エレベーターがある物件

最近は3階程度の低層マンションでも、エレベーターありの物件が増えています。でも、築古マンションを購入した10年前は、低層マンションにはエレベーターがなくて当たり前。昔は5階までの物件なら、エレベーターをつけなくも良い法律だったのです。

とは言え、エレベーターなしの5階は、20代の私でも仕事に疲れて帰宅したときにはつらかったです。引越しも大変でした。エレベーターありは、もはや不可欠な条件と言えますね。

◆人気のポイント3：部屋の広さは実質で50㎡以上

不動産取得税などは、登記簿上の専有面積が50㎡以上なら税制控除の特例が適用され、税金が安くなります。

この築古マンションの広さは、販売資料のカタログ上では51㎡となっていましたが、実際の広さ＝内法《うちのり》の登記簿上の広さは50㎡以下でした。そのため、税制控除適用外で、特定を受けることができませんでした。税制の控除は、あるとないとでは大違いです。よく調べましょう。

◆人気のポイント4：下層階が生活には便利（水圧が強い）

昔のタイプのマンションにありがちなのが、屋上に貯水タンクが設置され、そこから各戸へ配水するという仕組みです。当然ながら上階の部屋の水圧は、下階の部屋と比較して弱くなります。下階ほど重力がかかるので、上階より水圧が高くなるのです。

水圧の弱さは構造上の問題なので、各個人で対処するしかありません。我が家は業者に依頼して、加圧ポンプを自室内に取り付けてもらいました。シャワーは何とか使えるようになりましたが、余分なメンテナンス費がかかりました。エレベーターと同様、上層階ならではの問題点といえます。

これから高齢者社会になりますが、年配の方が部屋探しをされるときには、1階や2階を希望されるケースが多いそうです。災害時や車椅子生活を想定したりすると、下の階が安心とのことです。

◆人気のポイント5：融資先が見つかりやすい築浅物件

中古マンション購入時は一般の仲介物件だったため、不動産仲介業者には融資づけを手伝ってもらえず、自分で探すしかありませんでした。

昼休みを利用して数行の銀行へ住宅ローンの相談で訪問しました。20代の女性が、アポなしで突然店頭にやって来て「住宅ローンを貸して欲しい」と言うのですから、銀行員もさぞかしビックリしたことでしょう。

最終的には、当時会社で財形貯蓄をしていたご縁で、Y信託銀行で住宅ローンの借り入れをすることができました。私にとって人生初の借金です。1000万円という大金を若い私に貸してくれたことへの感謝は、忘れもしません。

参考として、家の構造（木造や鉄筋）でも、住宅ローンの借入期間が違ってくるので覚えておいてください。

不動産には国税庁が決めた「法定耐用年数」というのがあります。木造住宅なら22年、マンションなどの鉄筋コンクリート構造では47年。

この法定耐用年数から築年数を引いた期間が基本の住宅ローンの借り入れ可能な期間です。

「借入可能期間＝法廷耐用年数－築年数」

これは「物件を買いやすいか買いにくいか＝ローンを借りやすいか借りにくいか」にもつながります。

マンションの場合は、築10年でも、新築で購入して10年後で売却しても、まだ法定耐用年数が37年あるので、35年の住宅ローンが可能です。つまり、「ローンが借りやすい」ということ。

逆に、木造の場合は建物の耐用年数が短いため、借入年数も短いです。

同じ築10年でも、木造は残りは12年しかありません。住宅ローンの場合は、多少の期間の上乗せはしてもらえますが、それでも20～25年ぐらいでしょう。つまり「ローンが借りづらい」となります。

5つの人気ポイントから見えることと反省点

板橋区の築古マンションは、ほとんど衝動買いのようなものだったせいもあり、先に書き並べたような欠点や問題点がいくつもありました。でも、不動産所有の取っかかりとして良い勉強もできたので、今では購入して良かったと思っています。

「駅からの距離」と「エレベーターがないこと」は、物件購入時にわかっていたことです。ところが実際に暮らしてみると、いくら若くても大変なものは大変だと痛感。売却する際もこの2点がネックになって、大きく価格を下げざるを得ない要因となりました。

「物件の広さによって税制控除が受けられないこと」に関しては、まったくの勉強不足でした。購入時には、1㎡の微差には、まったく頓着していなかったのです。

実際に税金の支払い催促が来てから、あわてて調べて税制控除と専有面積の関係性を認識しました。

「水圧の弱さ」に関しても、実際に暮らし始めてからわかりましたが、購入前に水を流して、しっかりと水圧チェックすることもできたはずなのにと、後悔です。

そして何より、購入時に一番苦労したのが「融資先を見つけること」でした。

理由は、いろいろ思い当たります。勤務歴が短い、自己資金が少ない、単身女性、対象物件が築30年の築古物件で担保価値がない……などなど。不動産仲介業者が手伝ってくれなかったのも、融資づけが困難なことがわかっていて、買えない客と思われていたからかもしれません。

とはいえ、最初から何もかもがスムーズに運んでいたら、不動産投資について真剣に学習することもなかったし、不動産投資家としての現在の私もいなかったはずです。そう考えると、良いことも悪いことも意味があると思えます。

本書を読んで、あなたが不動産投資をスタートさせるとき、事前に準備をしていても、不測の事態は出てきてしまうものです。

本書はその助けになればと思って書いてます。実際に動くあなた自身の心構えも大切です。スムーズに進まないからと言ってそこで立ち止まってしまうのではなく、「素晴らしい未来へ進むためのちょっとしたハードル」と考えてみてください。

超えられないハードルはあなたの前にはありません。そう思うと、心がちょっと楽になって前に進むことができると思います。

3

不動産投資が女性向きだと言える理由

老後の準備を始めるのは早いに越したことはない

長寿社会の現代において、30〜40代は人生の半分にも満たない年齢です。ですが、「自分には老後の話なんかまだ関係ない」と思わないでください。

女性の老後に経済的余裕をもたらす方法として、もっともおすすめできるのが不動産投資。30代、40代という年齢は、不動産投資を始めるには、むしろ遅いぐらいかも知れません。

仮に40歳で銀行ローンを組んで不動産投資を始めたとすれば、年金をもらうころまでにローンの完済は充分に可能です。年金だけでは心もとない老後に、家賃というプラスαの収入があれば、心にも生活にもゆとりが生まれるに違いありません。少しでも早く、老後を見据えた長期的な投資に取り組めば、時間があなたの味方になってくれます。

既婚女性の中には、独身時代の収入を定期預金にしている方も多いのではないでしょうか。お金を眠らせておくなんて非常にもったいない。預金を投資に活用することで、お金に働いてもらってください。

女性に適した不動産投資なら、パートに出るのと同じ程度か、それ以上の金額を稼げるはずです。パートに費やす時間を自分の好きなことに使えたら、人生はもっと豊かで楽しいものになることでしょう。

不動産投資は、へそくり程度の少額からでも始められる

不動産投資と聞くと、何千万という資金が必要だとか、高額ローンを借り入れなければ始められない、などという思い込みはありませんか？

実は、それほどの大金がなくても大丈夫。女性が初めて取り組む不動産投資は、200万円もあれば充分に始められます。

会社員として長年働いてきた人や、DINKsで収入を得ている人なら、このくらいの金額はへそくりの範囲内ではないでしょうか。

最近はテレビのドキュメンタリーやニュースや書籍などで、「空き家問題」について取り上げられることが増えています。住む人がいなくなったあと、保守管理されないまま老朽化している空き家が、全国にはなんと820万戸も。そのうちの5％しか賃貸住宅用として使われる予定がはないそうです（平成29年度国土交通省のデータより）。

地方の築古の戸建てなら、100万円ほどで購入可能な物件も少なくありません。そのような物件をうまく見つけて賃貸できれば、思った以上に少ない資金で不動産投資が始められます。

不動産物件紹介サイトを利用した投資用物件の見つけ方

不動産投資家がよく利用する「物件紹介サイト」をご紹介します。試しに検索してみてください。まずはこのあたりが使いやすくておすすめです。

【物件紹介サイト】

・楽待（らくまち）
https://www.rakumachi.jp/

・建美屋（けんびや）
https://www.kenbiya.com/

・不動産連合軍
https://www.rals.co.jp/invest/

・アットホーム
https://toushi-athome.jp/

検索の利用方法について「楽待」を例にご説明します。

試しに本書を読みながら、「楽待」のトップ画面の「収益物件を検索」のエリアに次のとおり選択して、検索してみてください。

・物件種別：戸建て賃貸
・価格の最低額：300万円以下

すると、本日（2019年2月2日）時点で255軒の該当があります。

結果画面の表示を「価格の安い順」に並び替えてみましょう。

この例の条件では、地方の築年数が古いものばかり出てくるはずです。近年は、IターンやJターンなどの田舎移住もブームなので、こういう格安物件を賢く利用する手もないではありません。ただ、田舎だったり、あまりに老朽化が激しかったりは、初心者には難易度が高すぎるので避けたほうが無難です。

低価格帯の物件のほとんどは、恐らくリフォームが不可欠でしょう。ご自身の創意工夫でDIYにチャレンジしてみるのも面白いと思います。不動産物件を扱う醍醐味のひとつです。

もしも、DIYができそうにないなら、すでに入居者が暮らしている物件や賃貸中の物件を探してみましょう。これを「オーナーチェンジ物件」と呼びます。
オーナーチェンジ物件なら購入後すぐに家賃が入ります。

投資方法の見極めは「自分に合っている」が鉄則

投資の方法には、大きく分けてふた通りあります。
自由に使えるへそくりが500万円あると想定した場合の、投資方法は次です。

①現金500万円で購入できる物件に投資する
②500万円を頭金に銀行から融資を受け、2000万円程度の物件を購入する

どちらの投資方法を選ぶかは、あなたの性格との相性次第です。どちらのほうがより多く稼げるかという考え方で選ばず、自分のマインドにしっくり来るほうを選んでください。ただ、どんな性格なのか、どんなマインドなのかは、意外と自分ではわかりません。迷ったり悩んだりしたら、周囲の人や投資に詳しい人に相談してから、行動を起こすのがいいでしょう。

・家族（ご主人）に内緒でやりたい＝現金購入
・なるべく自分のお金は使いたくない、より多く稼ぎたい＝ローンを組んで投資

ただし、後者を選択する際は、本業からの安定した収入があることや、長く同じ会社で働き続けていることなどが条件となります。

私たち夫婦は、後者を選択しました。夫婦二人で思いっきりレバレッジをかけて、新築シェアハウス2棟と、中古RC（鉄筋鉄骨造り）のアパート。自宅ローンもあり、総額約3億円の借り入れをしています。

そして最近は、それらの不動産からのCF（キャッシュフロー）を利用して、現金で物件を買ったり株式に投資したり、いわゆる分散投資というスタイルです。

投資の世界では、分散投資は大事な考え方のひとつです。

ただ、資金やエネルギーを分散することが性に合わない人もいます。もし自分が得意な投資分野があるならば、一点集中したほうが成功確率は高いはずです。

投資用物件は、すぐに見つかるものではありません。じっくりと探す時間が必要であることは、初めから理解しておきましょう。長い目で探していれば、いつかは必ず「これだ！」と思える物件に出会えるはずです。

大事なことは「不動産投資を始めよう」と決断すること。やろうと決めて、「物件を探す」という行動を起こすことが肝心なのです。

女性投資家は「資産的価値がある自宅」を所有しよう

ここで少し、「自宅」に関する質問をさせてください。

質問1：あなたは、持ち家派ですか？　それとも賃貸派ですか？
質問2：新築派ですか？　それとも中古派ですか？
質問3：購入した自宅を「資産」だと思いますか？　「負債」だと思いますか？

前述の質問に対して、私たちの親世代なら「1：持ち家」「2：新築」「3：資産価値がある」と答える人が多数のはずです。

私自身も「賃貸ではいつまでも自分のものにならないから、家は絶対に買うべき」「結婚して家を持ってこそ一人前」と、親から言われて育ったので、「持ち家派」「新築派」「家は資産になる」という考えでした。

実際に親の建てた持ち家で育ち、20代で自宅マンションを購入し、結婚後は自宅を建てました。

でも、もしかしたら、自分の考えというより「親の価値観」が刷り込まれていただけかもと、最近は思うこともあります。

自分があたり前と信じていることが、ただの思い込みなのではないか。自分以外の他人の価値観とすり替わっていないか。不動産投資は、自分らしい人生を生きる上でじっくりと自分を見つめ直す、いい機会になるかもかもしれません。

自宅の価値をどこに見出すか？

日本人はどちらかというと新しいもの好きの人種です。

日本とは真逆がアメリカです。中古住宅の価格が、物価に比例して上がっていく傾向があります。中古住宅の価値は常に高く、築１００年などの物件が普通に取り引きされているそうです。日本の木造住宅が、築30年程度で建て替えられることが多いのと比べるとずいぶん違います。

実は私にも「もっと熟考してから家を購入するべきだったかも」と今さら後悔している点があります。

私たちが自宅を購入したのは10年前。当時、夫が新築を希望していたので、自宅選びのスタートは、新築マンションがターゲットでした。

駅近くのマンションを中心に探していたところ、ロケーションが良いだけに価格が高くて手が出ませんでした。しかも、管理費や修繕積立金、駐車場代などが必要であることを考えると、同じ価格帯で戸建てを買ったほうが得ではないかと、途中から路線変更したのです。

それで新築の建売住宅を数件紹介してもらいましたが、同じような間取りばかり。気に入った物件には出会えませんでした。

「だったら自分たち好みの家を建てよう」ということになって、土地探しに方向転換。幸い気に入った土地を見つけ、設計士に頼んで注文住宅を建ててもらいました。

設計士と一緒に創り上げた家そのものはとても気に入っています。心残りの点とは、中古を検討しなかったということです。

住宅には「品確法」と呼ばれる法律があります。その中で新築について、こう定義されています。

「新築住宅とは、新たに建設された住宅で、まだ人の居住の用に供したことのないもの（建設工事の完了の日から起算して1年を経過したものを除く。）をいう。」

つまり、家を新築で建てても、住み始めた瞬間から「中古」になってしまうわけです。先述の通り、日本では新築よりも中古のほうが住宅としての価値が低く評価される分、安く購入できます。

そう考えると、中古を安く買って外壁や内装や水回りなどをリフォームして新築同様に蘇らせれば満足だったかも……そんな思いがよぎるのです。

一般的には、「新築住宅の購入費用＞中古住宅の購入費用＋リフォーム代」という図式になります。新築価格が高くなるのは、「新築プレミアム」という住宅価格のカラクリが影響しているためです。

新築物件の価格には、たいていの場合、販売に関わる経費（営業の人件費、販促費、広告費など）が上乗せされています。

新聞に入ってくる折り込み広告の費用。モデルルームや販売の人件費。これらの費用がすべて物件価格に反映されるので、必然的に新築は割高になるのです。

一方で中古住宅の場合、建物と土地の原価を計算した価格を参考にして、それぞれの物件オーナーが自由に価格を決めます。中には、中古なのに割高感のある価格の物件もありますが、相対的に購入しやすい価格が多いはずです。

ロケーションはいいのに、中古というだけで格安な物件が出ていたら、狙い目ではないでしょうか。安く買えた分、リフォームやインテリアに凝って資産的な価値をアップするなんていうのは、女性が得意な分野です。

そもそも資産とは、「価値を生み出すもの」ですから、資産か負債かにこだわらず、「価値がないなら自分の手で生み出せばいい」という建設的な考え方のもとで、自分で価値をプラスすればいいのです。

賃貸併用住宅は「家を資産だ」と言える賢い選択肢

「何かを生み出してこそ、家は資産になる」というお話をしました。

その観点で考えると、「お金を稼いでくれる家＝価値が高い」ことになります。

自宅の一部を他人に貸すことで家賃収入を得る「賃貸併用の住宅」という賢い選択肢があります。これなら、「家は資産だ」と堂々と言えます。

「賃貸併用住宅」の建物は、新築でも中古でもどちらでも良いと思います。お得感があるのは中古のほうでしょうが、希望エリア内で賃貸併用の中古物件となると、なかなか見つからないはず。エリアや立地は住宅を選ぶ際には妥協するべきではありません。思い切って新築で建てるのが現実的でしょう。

3 不動産投資が女性向きだと言える理由

10年前に私たちが自宅を建てたときには、「賃貸併用」というアイデアが浮かびませんでした。なぜなら、そのアイデアを知らなかったからです。せっかく建物を一から建設したのですから、資産的価値のある「賃貸併用住宅」の仕様で建てるべきでした。もしも、次に家を建てる機会があれば「賃貸併用住宅」にしようと決めています。そのくらい賢い選択肢だということを、本書を読んだあなたには知っておいてもらいたいと思います。

賃貸併用住宅なら、自分が借りた住宅ローンの毎月の支払いに、入居者からいただく家賃をあてることが可能になります。これは大きなメリットです。

通常、賃貸専用物件用に借りるローンは「アパートローン」という種類になります。アパートローンは、木造住宅なら2~3%の金利が多いです。

しかし賃貸併用住宅用の場合は、アパートローンではなく住宅ローンが利用可能です。もともと金利が低めの住宅ローンに「団信」という生命保険も付帯して、金利1%以下で借り入れ可能な銀行がたくさんあります。

金利差1~2%ものハンデをもらえると考えれば、賃貸併用住宅は賃貸市場で負けづらい勝負ができると思いませんか?

※用語説明:「団信」について

団体信用生命保険のこと。住宅ローンを借りた人が、死亡または高度障害者になった場合、その保険金を住宅ローンの返済にあてる仕組みの生命保険です。

住宅ローンを組むときは、通常は団体信用生命保険の加入が義務付けられています。保険料は、住宅ローンの金利の中に含まれているケースがほとんどです（保険料を「銀行側が負担してくれている」と考えていいです）。

つまり、団信に入っていれば個人で生命保険に入る必要はないのです。私たちのようなＤＩＮＫｓの場合はなおさら不要です。万が一のときには自宅が遺産として残るのですから、個人生命保険にも重ねて加入しているのはもったいないです。重複している方は生命保険をすぐに解約をして、その掛け金を資産運用に回したほうがいいです。

賃貸併用住宅を現金で購入すれば、家賃収入がすべて手残り

「借金が嫌いで、どうしても銀行の融資を受けたくない」という人も、中にはいると思います。その場合は、ご自身の貯金や退職金で物件を現金購入する手もあります。

様々な条件によって借り入れが難しいケースでも、現金買いなら審査の心配も要らず、素早く動けます。つまり、ライバルよりも優位性があり、希望の物件を手に入れやすいということ。

しかも、ローンの借り入れなしに物件を購入すれば、家賃は丸々収入となります。物件

3 不動産投資が女性向きだと言える理由

の利回りは、関東周辺でも、恐らく10％前後はあるはず。定期預金として眠らせておくより、断トツです。

さらに、自分の家賃が0円というメリットもあります。家賃という大きい支出なしで、収入だけが入ってくる生活です。

保守管理費用に関しても、賃貸併用住宅ならアパートを持つよりもかかりません。掃除や管理の業者に依頼しなくても、すべて自分でできるからです。普通に戸建物件に暮らしていれば、片付けや掃除はするでしょうから、同じことをアパートの住人のためにするぐらいは簡単にできるはずです。

もしも、管理会社に保守管理を依頼すれば、家賃の5％前後かかるのが相場です。自分で動けば、その分だけ収入になると考えられます。

入居者募集に関しては、不動産屋さんに依頼するのが一般的です。

ただ、それさえも『ジモティ』などの地域版のコミュニティサイトを利用して、自分でやっている大家さんもいます。

私もシェアハウスや、戸建ての入居者募集を不動産仲介会社や管理会社に依頼しながら、並行して自らも地域のコミュニティサイトで募集活動をしています。意外に問い合わせが来るものですよ。

とにかく、何でも自分でやると余計なコストがかかりません。その分、入ってきた家賃の手残りが増えます。

賃貸併用住宅は自分でやれる部分が多いので、運営費用を抑えることができます。そして、調達コストと呼ばれる銀行からの借り入れ金利も低め、資産価値も下がりづらいと、メリットいっぱいです。

唯一デメリットがあるとすれば、賃貸併用は入居者と同居するようなものなので、プライベートがなくなると感じることでしょうか。細かいことが気になって仕方ない、そんな神経質タイプの人には不向きかも知れません。

見た目は華やかに見えても、不動産投資は恐ろしく地味な作業や活動の積み上げです。私の知っている大家さんは、どなたも堅実で地味な反面、小さいことは気にしないタイプの人が多いです。もしもあなたがそんなタイプなら、ピッタリの仕事かもしれません。

物件の「管理」は、マメな女性にこそ向いている

管理については、第6章で詳しく説明しますが、ここでもお話しておきます。

物件の保守管理を管理会社に委託せず自分で行うことを、自主管理と言います。

具体的な例としては、

・物件の外周や共有スペースの清掃
・物件内で故障などの問題が起きたときの対応
・入居者からの家賃の入金管理（未払いがあれば、大家自ら催促）

などが挙げられます。

いかにも裏方的な地味な活動は、しんぼう強い女性のほうが向いているのではないでしょうか。

管理物件はハード管理ですが、入居者への対応はソフト管理です。

ソフト的に必要なことは、大家が人好きなこと。自主管理の場合、入居者やそのご家族と接する機会が多くなるので、社交的な性格のほうが向いています。併せて、マメであることも必須条件です。地味で細かい作業や対応が、日常的に発生します。

入居者からの連絡には、なるべく早く返答してあげることも大切です。連絡が入る＝相手は何かに困っていたり、悩んでいたりするわけです。面倒がらずに、少しでも早く解決しようと対応するのが良い大家だといえます。

大手の管理会社ともなると、担当者一人あたりの管理戸数が数百室にもなるそうです。それだけ問い合わせが多く、対応が遅くなってしまうのが現状のようです。だからこそ自主管理の大家ならではの、迅速さやマメさは強みになるのです。「すぐ対応！　すぐ解決！」を心がけて、顧客満足度をアップさせましょう。

私は現在、アパート、シェアハウス、戸建てを自主管理しています。アパートは中古で、オーナーチェンジで購入しました。オーナーチェンジというのは、入居者が入った状態で物件を譲り受けることです。

前オーナーも女性で、本業は税理士さんでしたが、不動産をいくつか所有されて副業されているようでした。家族と協力しながら自主管理をされていたそうです。「私にもできる」と励ましていただいたので、その気になって自主管理をすることにしました。

自宅からは車や電車で30分以上かかる距離なので、物件の掃除は豊島区のシルバー人材センターに依頼。週に一度、シルバーさんに共用部を綺麗にしてもらっています。

物件には、長期で入居されている人が多く、何か問題があれば直接私に連絡をもらうようにしています。

募集や更新案内などは前オーナーからお付き合いがある不動産仲介会社にお願いしています。人生の先輩といった感じの、ベテランの女性担当者がいつもサポートして下さっています。激戦区の池袋で昔から営業を続けている不動産屋さんだけあって、信頼してお任せできるのがありがたいです。

ご覧のとおり、自主管理といいつつも、多くの方にご協力いただいていて、感謝しています。

シェアハウスに関しては、初めはそれぞれ異なる管理会社に運営を委託していたのですが、1棟が昨年の夏に退去が相次ぎ、空室率が半分になってしまったので、秋に自主管理に切り替えることにしました。

こちらは全9室で、翌2月には満室になりました。しかし、シェアハウスは出たり入ったりと入退去の頻度が多いので、1年中集客活動をしている感じはあります。

管理を管理会社に依頼せず自分でやろうと決めた理由のひとつに、管理会社のレスポンスが遅いことでした。

不動産賃貸業はサービス業であるにも関わらず、業界全体の傾向として対応が遅い気がします。なかなか対応してもらえない管理会社に任せてヤキモキするより、やる気満々の自主管理大家の強みを発揮したいと張り切っているところです。

時代は「専用の物件」から、ハイブリッド経営へ

ここから先は、「絶対にこうするべき」といった話ではありません。「私はこんな風に考えています」というお話をしますので、参考程度に読み進めていただければ幸いです。

話題は、運営中のシェアハウスのあり方について。

シェアハウスの場合、女性入居者のいる物件は、女性専用にしているケースが多いです。私たちのシェアハウスも、引き渡しを受けた当初は女性専用でした。

ただ、空き室も多い状況だったので、このままのスタイルで運営していてはダメだと直感しました。

そこで、女性専用から男女混合の物件に切り替えたのです。すでに入居している人たちには、経営方針の変更を説明して、男女混合物件にすることに納得していただきました。結果、まばらにあった空き部屋が数ヶ月で満室になって嬉しかったです。

ただ、ずっと順風満帆というわけではありません。

世田谷のシェアハウスは、満室を喜んだ、わずか2ヶ月後には中国からの女子留学生が帰国することになったり、男性入居者が体調を崩して岡山の実家に帰ることになったり、

さらには女性入居者に夜逃げされたりと、退去が相次ぎ入居率が落ち込みました。

シェアハウスは、一般的な賃貸アパートに比べて、短期入居者が多い傾向が強いです。家具も付いているので、「スーツケースひとつで入居可能」というのが宣伝文句ですが、裏を返せば「簡単に出て行けますよ」ということなのです。

シェアハウスを安定して満室経営することは、思っているより難しいことを実感しています。常に新規入居者の募集をかけている状態です。シェアハウスの場合は、想定稼働率を70％くらいで収支計算したほうがいいでしょう。

とはいえ、受け継いだときのまま女性専用でやっていたら、募集活動はもっと苦戦していただろうと思うとゾッとします。

シェアハウスのシェアは「分担する、共有する」という意味ですから、その言葉の通り、男も女も限定しないほうがいいと私は思います。〝限定なし〟のミックスで進めていきます。

もう1軒の蒲田のシェアハウスでは、サブリースの旧管理会社から新管理会社に引き渡しを受けた際は9割の入居率でした。そのため、当時の現状のまま女性専用で運営を継続しましたが、秋には立て続けに4部屋の退去があり、入居率が約半分になってしまいました。

「何か対策を打たなくては！」ということで自主管理に切り替えて、男女化物件への変更と併せて民泊の運営を計画しました。

シェアハウス1階のあまり活用されていないリビングルームを、民泊で貸し出そうと考え、事前相談のために何度も大田区役所や消防署へ出向きました。私のハウスで可能だったのは新法民泊の制度で、その認可を取りました。

平成30年6月に制定された民泊新法、民泊の認可を取るのは驚くほど面倒でした。怪しい闇民泊が減ったといわれる背景には、認可を取るのが面倒ということも影響していると思われます。

もうひとつ驚いたのは、民泊の運営業者に開業サポートを相談したところ100万円以上の見積りをもらったことです。高額なサポートを頼む余裕はないので自分でするしかありません。孤軍奮闘した結果、2カ月で認可を取ることができました。

そして平成30年の年末からゲストを迎えて民泊を開始しました。シェアハウスと民泊の共存、出だしは順調です。ハイブリッド経営、果たして成功するのか？　今後の展開は、ブログなどでお伝えできればと思います。

「数字重視」より「直観重視」の女性のほうが失敗しにくい

ここからは少し話の路線を変えて、購入した家を将来的にどうするかという問題についてお伝えします。

まず、自宅を購入する前に、将来のイメージをしっかり打ち出してみましょう。これは投資用物件の入手に関しても、同じことが言えます。アレコレとパターンを想定してから、踏み出したほうが安心です。

妄想するのは、女性のほうが断然得意のはず。楽しい未来や「こんな風になっていたらいいな」というシーンをカラーイメージで具体的に思い浮かべてください。

自宅購入の前には、理想の家とライフスタイルをイメージ。まずは、家が完成してからの新生活をイメージしましょう。

そのときに「こんな風になりそう」という現実の延長に起こりえるイメージより、「こんな風になっていて欲しい」という、理想の世界を考えるようにしてみてください。ワクワクしてきたらGOで、それが実現する成功の秘訣です。

そうすれば、失敗がかなり防げる不動産投資ができるでしょう。

4

女性ウケする「物件選び」のポイント

人気エリア＆駅近にプラスすべき観点は「将来的な売却しやすさ」

不動産情報サービスのアットホーム社が、「通勤の実態調査」に関するアンケート結果を公開しています。

対象者は、１都３県（東京都、神奈川県、千葉県、埼玉県）在住で、過去5年以内に住宅を購入し、勤務先が都内にあるサラリーマン５８３名です。

回答データによると、通勤時間は35分を理想とするところ、実際には約1時間が平均通勤時間でした。そして、限界だと感じる通勤時間は86分。この数字は、以前の私が「通勤地獄」だと感じていた時間と合致しています。

また、通勤に60分以上かかる人が過半数にのぼり、30分以内で通勤できる人はわずかに８％程度という結果でした。通勤に60分以上かかっているのは、郊外で多少広めの自宅を購入されたケースが多いのではないかと推察します。

住宅タイプ別に平均通勤時間を見たところ、一戸建て所有者が約60分で、マンション所有者が約56分と4分間の差がありました。この数字はそのまま、自宅から最寄り駅までの所要時間の差と一致します。

一戸建て住まいが駅から徒歩14分で、マンションは駅から徒歩10分というのが、それぞれの平均所要時間です。

1日に行きと帰りの往復を年間240回ほどくり返すのが通勤ですから、たとえ4分間といえども短いほうがありがたいですよね。そのため、駅近であることを最優先する人は、結果的にマンションを持ち家に選ぶケースが少なくないのでしょう。

さらに興味深いのは、通勤時間が長くなるほど、共働き率が低くなるという結果。夫婦がともに働いている家庭では、通勤の負担を少しでも軽減することを重視していることが見てとれます。

不動産物件を選ぶとき、重要なポイントはいくつかありますが、1番は立地です。人気のあるエリアで駅から近い物件であれば、恐らく誰もが欲しがるでしょう。

立地が悪いほど、賃貸料は安くせざるを得ないので、投資用には向きません。自宅にも、同じことがいえます。将来、子どもが独立するなどして、いざ売却しようとしたときにも、立地の悪さはネックになるでしょう。

投資家的な長い目で見たとき、「人気のエリアで駅近」という立地の良さは、絶対に外してはいけない必須条件だということを忘れないでください。

不動産を探すなら、愛着のある自分のテリトリー内

私の自宅がある品川区は、東京の城南地区といわれるエリアです。

自宅からは職場だけでなく、東京、渋谷、新宿、池袋、浅草、上野、羽田空港など、都内の主だったスポットに30分程度で行けます。飛行機や新幹線、両方ともターミナルが近いので、とても便利なエリアです。

東京23区は、東西南北と中心部の5つのエリアに分けられます。

引っ越しに伴い自宅マンションを売却。城北地区（板橋区）のときは売却にとても時間がかかったのに比べ、城南地区（品川区）の物件はすぐに売れました。人気エリアで、しかも駅から3分という立地条件の効力は大きかったのだと思います。

これまでに投資用として手に入れた物件のエリアは、城南地区（大田区、世田谷区、品川区）と城北地区（豊島区）だけです。自分が知らない地区や、今までご縁がなかった地区の物件には、手を出さないようにしています。

本章の序盤で、人気エリアの物件を選ぶべきだとおすすめしておきながら矛盾したことを言うようですが、一番人気の都心5区の物件にはご縁を感じませんでした。

よく知っているエリアは地元情報や周辺の雰囲気もわかり、「わが町」としての愛着が持てます。まさに住環境に関するアドバンテージが握れるわけです。

不動産は人気の高いエリアであるに越したことはありませんが、一般的な「一番人気」にこだわるより、「愛着のある自分のテリトリー内における人気エリア」から選ぶほうが失敗は少ないでしょう。

※東京23区のエリア分けについて

不動産業界において、東京23区は東西南北と中心部の5つに分類されます。次の並べ方は、一般的な人気順です。

・都心5区：千代田区、中央区、港区、新宿区、渋谷区
・城南4区：品川区、目黒区、大田区、世田谷区
・城西2区：中野区、杉並区
・城北6区：文京区、台東区、豊島区、北区、板橋区、練馬区
・城東6区：墨田区、江東区、荒川区、足立区、葛飾区、江戸川区

不動産物件の狙い目は、新築よりも手がかからない「築浅」

日本人は新しいもの好きです。車は新車、家具やファッションは新品と、新しいものに価値を置く傾向があります。もちろん、家についても同様です。とかく新築が求められるので、「日本には新築信仰がある」と、外国から揶揄されることもしばしば。

それに比べて外国、とりわけアメリカでは、家に関する価値観がまるで違うようです。昨日今日建てられた新築より、長年に渡って住宅としての機能を保ち続けている中古住宅こそ、むしろ価値が高いと評価されています。

立地条件が良ければ、新築より中古のほうが高くなることも少なくないようで、日本とはまさに真逆ですね。

新築と中古、いずれの価値が高いのかについては、どちらも一長一短があるので一概には言えません。ただ、自分が持つ家（居住用か投資用かにかかわらず）なのですから、最終的には自分自身の好みで選択すればいいのではないでしょうか。

新築といえば、都心の新築マンションは、中古マンションの2倍以上の価格で販売されているケースも珍しくありません。今や、都心部では土地がかなり限定されているので、新築マンションには希少価値が生まれるのです。

供給過剰といわれるほど、すでに数多く存在するマンション。にもかかわらず、高級マンション路線を中心に今も新築マンションは建て続けられています。

戸建て住宅の場合も、新築の優位性はマンションと同じ。新築ならではの手厚い保証がついていたり、独自の法律で守られていたりすることも、新築人気の一端を担っています。

「住宅瑕疵担保履行法」という法律では、新築住宅を販売する宅地建物取引業者や新築住宅の建設を請け負う建設業者に「瑕疵担保責任の履行のための保険への加入」、または「保証金の供託」が義務づけられています。

また「新築住宅の10年保証」の定めにより、新築住宅の主要な構造部分や雨漏りの責任について、10年間保証されています。

また新築という選択肢には、「新築プレミアム」が潜んでいることを忘れてはいけません。すなわち、新築物件には、販売のための様々な営業コストが上乗せされているので割高だということです。

結局のところ、新築と中古のどちらを選ぶべきかですが、私のイチオシは、中古でもあまり築年数が経過していない「築浅」と呼ばれる物件です。築浅物件の経過年数は、一般的に5年以内を指しています。

さらにつけ加えると、新築後5年を経過すれば、売り主側の売却益に対する税金が短期譲渡の扱いではなくなるので税率が下がります。そのタイミングで売却を検討する投資家も少なからずいるので、5年を経過して10年以内あたりの物件を探すといいのではないでしょうか。

築10年程度であれば、水回りの設備やフローリングの仕様も現行とさほど変わりません。投資用として、そのままリフォームせずに、クリーニングと小さな修繕で貸し出すことが可能な場合がほとんどです。

新築と中古の良いとこ取りのような「築浅物件」は、新築より狙い目なので、ぜひ覚えておいてください。

新築と中古の両方にバランスよく投資しよう

「不動産投資には興味があるけれど、今は資金があまりないから、お金を貯めてから始めよう」と思っていませんか?

一度そう考えると、恐らくいつまで経っても、投資を始めることはできないでしょう。

投資成功のための武器のひとつは「時間」です。時間は、神様が人々に与えた唯一平等のギフトだといわれています。そのギフトをどう使うかが、人生の成否を決めるポイントです。

すでに流行遅れですが、数年前に「今でしょ！」という言葉が流行りました。実はあれ、投資の真理をついています（笑）。

少しでも不動産投資に興味を持ったなら、今すぐ行動してもらいたいです。もちろん、すぐに物件を買うことはありません。まずは、理想とする将来をイメージして、じっくりゆっくり物件探しから始めましょう。

探す対象物件は新築でも中古でも、自分の好みで決めればいいのです。銀行からお金を借りることに抵抗がない人は、融資を受けて始めることをおすすめします。レバレッジをかけたほうが、リスクは少し高くなりますが、その分、大きめのリターンを得られます。

手持ち資金が３００万円あったとします。その額面通りの中古物件を現金購入して、利回り高めの15％で運営すれば、年間収益は45万円です。

もしも、３００万円を頭金にして１８００万円のローンを組んで、利回り10％のアパートを購入したとしたらどうでしょうか。

年間家賃収入を２００万円と想定し、１８００万円のローンを25年間×利息２％で借り入れた場合。年間のローン返済額は、約92万円。家賃収入からローン返済額を差し引いても約１００万円は残る計算になります。

各種税金や諸費用は考えず、満室を想定したザックリ大まかな計算結果ではありますが、額面通りの現金購入と、借り入れをして購入した場合との違いはわかっていただけたのではないでしょうか。

新築の場合は、恐らく価格は中古の2倍で、利回りは7％くらいが平均的なところです。その分、ローンの借り入れ可能な期間は30～35年間と長くなるでしょうから、２０００万円の中古アパートを購入するのと負担はそれほど変わらないと思います。

例えば、４０００万円で利回り７％の新築アパートを購入した場合。

年間家賃収入は２８０万円。３８００万円のローンを30年間、２％で借り入れした場合は、年間のローン返済額は約１７０万円。家賃収入からローン返済額を差し引いた結果、やはり同じように約１００万円が残る計算です。

新築ならば、10年間は修繕の負担がなく「新築プレミアム」で入居者も集めやすいというメリットがありますから、初心者は新築のほうが始めやすいかもしれませんね。

ただ、中古より立地が悪い場所にある可能性もありますから、賃貸需要をしっかりとリサーチすることは不可欠です。

中古か新築かは、どこまでも迷うところです。それぞれメリット、デメリットがあります。最もいいのは、両方を組み合わせて購入すること。そうすれば、お互いを補塡しあって、リスク・マネジメントになります。

私は、中古の区分マンションから不動産投資を始めましたが、もう一度ゼロからやり直せるならば、新築の1棟物件から始めるかもしれません。

ローン返済は状況に合わせて選ぼう

ローンの返済方法には、元利均等返済と元金均等返済の2種類があります。

元利均等返済とは、毎月一定の金額を返済していく方法です。

元金均等返済とは、元金を月割りしたものに利息を加算して支払う均等払いとなります。

私の自宅ローンは、1軒目は元利均等返済で、2軒目は元金均等返済を選択しました。

1軒目のマンションの返済金額は、元利均等返済で毎月6万4000円程度でした。

2軒目は元金均等返済でした。「元金均」について、もう少し詳しく説明します。

元金を月割りして均等払いする方法で、元金が固定のため、最初は返済額（元金＋利息）が元利均等返済より高く、返済が進むにつれて少なくなっていくというもの。返済開始当初の返済額が最も高く、毎月少しずつ返済額が減っていく方法です。

デメリットは、返済開始当初の負担が重く感じられることでしょう。ですが、元利均等返済に比べて、元金の減少はかなり早いです。同じ借入期間の場合は支払い利息総額が少ないので、最終的に元利均等返済よりも総返済額は少なくなります。

もしも今、あなたがＤＩＮＫｓだとすると、収入的に多少のゆとりがあるでしょうから、元金均等払いをおすすめします。元金と利息の比率が毎月変わるので、総額の支払い利息は少なくなりますが、毎月の支払額が減少していくのが実感できるのが嬉しいはずです。

また意外と知られていないのが、住宅ローンも途中で交渉して金利を下げてもらえるということ。

私たちは、この10年間で2回、金利を下げてもらいました。金利は「保証料が金利に含まれている契約」と「保証料が別で先に支払っている契約」の２パターンに分かれていますが、どちらも金利を下げてもらいました。結果、借り入れ当初から０・３％下がっています。

借入金額１０００万円で、利息の差は1年で3万円。４０００万円の借り入れなら、年間で12万円も違ってきます。長い期間で考えると、その差はとても大きいです。残債金額が高いうちに、少しでも早く交渉したほうが、総支払金利に影響が大きく効果的です。

ただし、金利下げを交渉できるのは変動金利で借り入れている場合のみ。固定金利の期間中は無理なので、期間が終わるタイミングで交渉してみましょう。

チャレンジの具体的な手順は、銀行に面談希望の連絡を電話して、現在の収入を証明できる書類（源泉徴収や確定申告書）を持参し、審査依頼をします。

銀行側からは金利下げの提案をしてくれることはありえませんので、自分から積極的に動いてください。

最終判断は「自分が住んでもいい」と思えるかどうか

私は物件購入の最終的な判断は、「自分が住みたいかどうか」を基準にしています。これは女性の投資家には、共感してもらえることが多く、逆に、男性投資家からは、「自分が住むかどうかにこだわる必要はない」と言われます。

一般的に男性投資家は、数字やスペックで判断して、購入する人が多いようです。男性投資家の中には「物件見学なんかしなくても、Google マップを見ればＯＫ」というツワモノもいらっしゃいます。私は怖くて、とてもそんなことはできませんが（笑）。

不動産投資において物件の購入は最重要ですので、やはりそこは慎重を期したいもの。女性的な細やかさを活かして、じっくりとチェックしましょう。

私は、物件には頻繁に足を運ぶようにして、少しでも良い管理運営につながるように努めています。

主に自主管理で運営するつもりなら、「自分が住んでもいいいな」と思える物件を選ぶべきです。でないと足繁く通う気にはなれませんし、一度足が遠のいてしまうと、おのずと管理もおざなりになるものです。

不動産投資はあくまでも「自分基準」でいい。「好きか嫌いか」というシンプルな感覚を大切にすることも、成功につながるポイントです。

物件探しは「ネット」「紹介」「レインズ」を駆使しよう

物件を探すときは、あらゆることに興味を持って、多方向にアンテナを立てましょう。

そして、数稽古も肝心です。これは何においても共通のことですが、とにかく反復練習すること。そうやって、自分の希望する物件の見つけ方や相場感を身につけてください。

先輩大家さんに教わった言葉で、「千一《センイチ》」というのがあります。

「1000軒見て、やっと1軒の希望する物件に出会える」という意味だそうです。それくらいの数稽古をするという心構えでいれば焦ることもありません。

ただ、今の時代、インターネットという武器を利用しない手はありません。物件を探す方法のひとつとして、物件検索ポータルサイト抜きには語れません。

代表的なポータルサイトとしては、「楽待《らくまち》」「建美屋《けんびや》」「アットホーム」「不動産投資☆連合体」などです。

これらは投資家向けのサイトなので想定利回りが記載されていて、シミュレーションしやすいのが便利。大家のコラムなども充実しているので、不動産投資の勉強にもなります。

ポータルサイトは投資家用サイトの他にも、「実需向け」と呼ばれるマイホームを探している一般の人向けのサイトも同時利用するのがおすすめです。

有名なところでは、「ＳＵＵＭＯ」「Yahoo! 不動産」など。大手不動産仲介会社なども、自社サイトで仲介物件を紹介しています。専任と呼ばれる形の商品を中心に掲載しているので、物件状況や売り主の状況に詳しい担当者と直接コンタクトできるのが特徴です。

これらのサイトでは、ときどき驚くような掘り出しモノが見つけられることもありますし、価格交渉もしやすいといわれています。ぜひ、マメにのぞいてみてください。

物件を探すときは、まず条件の絞り込みをしてから検索。その点でも、一般の人向けの実需向けサイトは、検索条件の入力部分や検索結果の表示の仕方がわかりやすく作られていて助かります。写真も綺麗なものが多いので、イメージしやすいです。

検索するときは、絞り込みだけでなく結果の並び替えも利用しましょう。私は希望のエリアを指定して検索し、金額の安い順に並び替えてから、結果を見るようにしています。複数のポータルサイトを利用するなら、自分なりの検索基準を作って、どのポータルサイトでも同じ条件で検索するのがコツです。

物件を探す方法として、不動産屋さんの担当者に依頼するという方法があります。インターネット検索で物件を問い合わせた際に知り合った営業マンに、自分の希望を伝えておくのです。

自ら営業マンの見込み客になって、最新情報を流してもらいます。彼らは独自で仕入れた最新情報を持っていることも多いのです。

インターネットに掲載される前の情報は業界用語で「川上物件」と呼ばれるのですが、まだ未公開の川上物件を手に入れることができるのは、かなりお得感があって嬉しいものです。

営業マンは多数の顧客を担当しています。その中で、いつも最新のお得情報を教えてもらえるような優良顧客になってください。そのためには、営業マンとの人間関係を築くことが不可欠です。「ぜひ教えてください」という真摯な態度で、日頃から営業マンとコミュニケーションを心掛けておきましょう。

物件の探し方の3つ目は、不動産業者しか閲覧できない「レインズ」と呼ばれる不動産物件データベースの閲覧です。

レインズについては、あまり聞いたことがないと思います。というのも、レインズは「国土交通大臣から指定を受けた不動産流通機構が運営しているコンピュータ・ネットワーク・システム」で、一般人はアクセスできません。できるのは不動産屋さんだけ。だから営業マンと仲良くなっておき、担当営業マンから検索結果の情報をもらうわけです。インターネット上には非公開でも、レインズに掲載されている物件情報はたくさんあります。

私も、お世話になっていた営業マンに希望条件を伝えてレインズで検索してもらった情報から、豊島区の中古アパートの購入に至った経験があります。

当時の条件は、「東京23区内、駅から徒歩10分以内、構造はRC、築年数25年以内」というものでした。ヒットしたのはわずか3軒で、検討対象としてすべての物件を現地まで見に行きました。物件情報を手に入れてすぐに現地を見ることは言うまでもありません。

不動産投資をしようと決めたなら、とにかく色々な情報網を意識して、物件探しをしてください。繰り返しになりますが、数稽古が肝心ですから、数をこなすほどに探し方もうまくなるものです。

まずは「千一の覚悟」で始めましょう。行動量に比例して物件に出会える確率は上がっていきます。たくさんの情報の中から吟味に吟味を重ねて、「これだ！」と思うものをセレクトしてください。

不動産価格は「値下げ前提」だから交渉しないのは損になる

不動産は相対取引といって、売買の当事者同士で売買を行います。参考となる相場価格はありますが、実際の取引価格は双方の合意により決定されるのです。

取引を行う者同士が1対1で、価格や引き渡し期日などを決めて取引を進めます。売り主と買主の双方から、それぞれの希望を出して構いません。お互いの条件で合意すれば、取引成立となる世界なのです。

よくある不動産広告やチラシに記載されている価格は、売り主の希望価格です。それに対して、「いくらなら買いたい」と買主側も意思を伝える権利があります。

当然ながら、売り主側は値下げ交渉が入ることを想定して、販売希望価格が決められています。つまり、「交渉しないと損」ということです。

それら一連の取引を仲介してくれるのが、不動産仲介業者です。

通常、仲介業者は取引が成立したら、その取引に応じて定められた報酬を依頼者からもらう「成功報酬制」です。

業界用語で、「片手」「両手」という表現があります。不動産仲介業者が、売り主側から依頼を受けて買主を見つけたら、両方からお礼の報酬がもらえる、これが「両手」です。もし別の不動産屋さんが買主を紹介してくれれば、報酬は売り主側からだけになります。買主側の報酬は、物件を紹介してくれた業者に入ることになり、これが「片手」と呼ばれるのです。

報酬率は国土交通省が宅建業法で定めています。宅建業者向けに、宅地建物の売買・交換・貸借の代理・媒介を行って受けることができる報酬の上限額を決めています。

定められているのは上限額なので、それ以下の金額ならOKということ。つまり、仲介業者に支払う報酬額（=仲介手数料）も交渉することは可能なのです（以下の※マークを参照してください）。

大手の不動産会社や、物件価格が安いケースでは交渉しても断られる可能性は大きいですが、交渉するだけならタダ。とりあえず、申し出て見る分には損はありません。

※仲介手数料について

宅地建物取引業法により、不動産会社が受け取ることのできる仲介手数料には上限額があります。不動産会社が上限額を超える仲介手数料を受け取った場合は、法令違反となります。

また、法令で定められているのは上限額ですので、この金額を必ず支払わなくてはいけないということではありません。仲介手数料は、売買契約が成立して初めて発生する費用です。成立しないときは、もちろん支払う必要はありません。

【仲介手数料の上限額】　依頼者の一方から受領できる報酬額

取引額	報酬額（税抜）
売買価格　200万円以下の金額	取引額の5％
売買価格　200万円を超え400万円以下の金額	取引額の4％＋2万円
売買価格　400万円を超える金額	取引額の3％＋6万円

※仲介手数料は消費税の課税対象なので、別途消費税がかかります。

狙っていた土地は「販売価格」のままでも即買い付けすべし！

もしも、あなたにとって必要な土地が売りに出されていたら、そのチャンスを見逃してはいけません。相場より少々高くても、すぐに買ったほうがいい土地があるのです。それが「自分が所有している土地と地続きの土地」です。

例えば、お隣さんの土地と考えてください。地続きの土地を購入できれば、所有している土地の活用度が格段に上がります。今までなら戸建てしか建てられなかったのに、土地面積が拡がることでアパート建設が可能になったりするのです。

「旗竿地」と呼ばれる、道路奥の変形土地に建つ家があります。私の所有物件にも、それがあります。

道路と接地する通路が2メートルより狭い場合は、再建築が不可と法律で決められています。旗竿地の場合、往々にしてこのケースに該当するので、築古家屋の立て直しをあきらめるケースも少なくありません。

通路に面する土地を購入できたなら、道路との接地幅が2メートル以上になるのはもちろん、古い家の再建築も可能となるし、区画を割りなおせば2軒分が建築可能にもなるのです。当然ながら、土地の査定価格＝価値はアップします。

ですから、そのようなチャンスが訪れたら、すぐさま購入してください。みすみすチャンスを見逃して他の人に購入されたら、必ず後悔するでしょう。本書を読んでくださっているあなたには、後悔のないように行動していただきたいです。


私がやってきた投資の方法は、誰にでもおすすめできる方法ではないかもしれません。でも、少なくとも私に後悔はありません。不動産投資を始めたことで、回していくお金の流れは大きく変わりました。お金はエネルギーだと表現されることがありますが、まさにエネルギー量が増えているのを日々実感しています。

不動産投資を始めてたったの4年で、我が家に入ってくる数字は3倍以上になりました（出ていく数字も同じですが増えましたが）。それだけのお金を回すことができる器になったということです。資産は福利方式で、現在も着実に増えています。

いいことばかりではなく、失敗もありました。ですが、失敗や苦労があったからこそ今があるのも確かです。高い勉強代を払った悔しさをエネルギーにして、ここまで乗り越えてきた自負もあります。

私の失敗も経験もすべて、これから不動産投資にチャレンジする方の参考にしていただければ嬉しいです。

5

注意したい「金融機関」との付き合い方

利回りで考える不動産

不動産投資をする際のうまみは、「家賃」というインカムゲイン（商品や資産を保有することで、定期的、かつ安定的に得られる収益）と、「売却益」というキャピタルゲイン（保有資産を売買することで得られる利益）の両方が期待できることでしょう。

特に、賃貸収入のインカムゲインは、現役時代の副業としても、リタイア後の本業としても魅力的です。

不動産投資の世界で、よく使われる言葉に「利回り」というのがあります。

投資物件の収益力を評価するためには「利回り」を指標として使います。

利回りとは、自分が投資した金額に対して、どのくらいの収益（インカムゲイン）があるかを示す数値です。

まず、金融資産（定期預金）の利回りと、不動産の利回りを比較してみましょう。

預金の利回りとは「金利」のこと。つまり、金融機関へ預けたお金に対する「利息」です。一方、不動産の利回りとは、「不動産投資額」に対する「家賃収入」の割合となります。

「不動産投資額」とは、不動産購入に必要な総額。物件の購入価格だけでなく、「購入時にかかる諸費用」すべてを含めた額です。仲介手数料、登記費用、固定資産税、火災保険料、ローン事務手数料、印紙代、不動産所得税などがあります。

「家賃収入」とは、賃貸管理をして得る家賃や地代のこと。「表面利回り」と「実質利回り」のふたつがあります。

「表面利回り」は、単純に家賃の総収入で計算します。「総計＝グロス」です。

「実質利回り」は、家賃の総収入から、実際にかかる費用を差し引いた残りの実収入、手残りで計算します。「正味＝ネット」です。

それぞれ「グロス」や「ネット」と、省略されて呼ばれることもあります。

【不動産利回りの求め方】

「年間家賃÷不動産総投資額 ＝ 利回り（％）」

・表面利回り（グロス）＝不動産の総収入÷総投資額

・実質利回り（ネット）＝（不動産の総収入－総費用）÷総投資額

【不動産利回りの具体例】

・中古の区分・ワンルームマンションを購入した場合

月額の家賃：5万円、管理費・修繕積立金：1万円、
物件価格：900万円+諸費用：100万円　総投資額：1000万円
◆表面利回り（グロス）＝（5万円×12ヶ月）÷1000万円＝6・0％
◆実質利回り（ネット）＝（5万円－1万円）×12ヶ月）÷1000万円＝4・8％

具体例は、中古マンションの一部屋を購入した場合の想定です。

区分マンションの場合は、ほとんどの物件に管理組合があり、管理費と修繕積立金が毎月必要なので経費になります。オーナーの手元には残らないものなので、毎月の家賃収入から差し引いて計算します。

戸建賃貸の場合なら、管理費の算出は不要です。「表面利回り＝実質利回り」と考えましょう。

諸費用は、一般的には物件価格の10％前後と言われていますが、私は2000万円以内の物件価格の場合は、ざっくり一律100万円で計算しています。

物件を探すときの実質利回りは、区分マンションで5～7％、戸建てなら10％以上を目安にするといいでしょう。

不動産紹介サイトや販売用の資料では、表面利回り（グロス）で表示されていることが

多く、これには購入時の諸費用が含まれていません。表記の数字を鵜呑みにしないよう気をつけてください。大切なのは実質の利回りです。

不動産紹介サイトで気になる物件を見つけたら、自分で実質利回りを計算するクセをつけておきましょう。利回りを計算する便利なアプリもあります。投資物件の収益力を評価するためには、利回りの数字は常に意識すべきです。

都心の区分マンションは、実質利回り（ネット）を計算すると5％を下回る物件が多いはず。利回りはあくまでも現時点における数字であって、絶対値ではありません。将来的に家賃が下がれば、利回りも下がるということを覚えておきましょう。

不動産と金融資産（預金）の利回りを比較すると、不動産の利回りのほうが高いです。その理由は、不動産と金融資産の特徴を比較すればわかります。

不動産は、ユニークな存在です。同じものは存在せず、定価という概念もありません。土地や建物の位置は固定で動かせません。所有しているだけで税金がかかり、すぐに売却、現金化できる保証はありません。値下がりして損する可能性もあります。

このように、預金と比べて不動産はマイナス要素が多く、流動性がある預金に負けます。不動産投資は金融商品に比べて、リスクが高くデメリットが多い。

だからこそ、利回りが高くなっているのです。

ただ最近はインフレ傾向のため、「預金だけのほうが、実はリスクが高い」という声もあります。最近の定期預金はほとんど利息がつかず、金利が0・1％以下という世界。これでは日本政府が目指す2％のインフレ率を吸収できません。お金の価値が目減りしていくだけです。

逆に、不動産の家賃なら、インフレで景気が2％アップすれば、家賃の値上げも可能。不動産価格の相場は景気に比例して上がるので、売却価格も同じく上がるのです。自分の意思で自由に決められる部分が多いという点が、不動産投資の特徴かつ優位性と言えます。

不動産投資はミドルリスク・ミドルリターン

金融資産のひとつである株式投資は価格の変動幅も大きく、ハイリスク・ハイリターンです。

世界経済の影響で株価は変動するので、価格のコントロールはできません。市場の動きを見極めるには、充分な知識や情報が必要で、その道の専門家たちと戦わなくてはなりませんから、一般の人にはとても難しいことです。

預金はその逆で、ローリスク・ローリターン。

不動産投資は、その中間のミドルリスク・ミドルリターン。

賃料収入（インカムゲイン）の変動幅は少なく、将来的リターンの見込額の実現性は高い。また売却益（キャピタルゲイン）も、予測がある程度は可能です。

良い物件を手に入れるかどうかの情報戦でもあるので、常にアンテナを張っておくことは必須です。

このような不動産投資の特徴を知った上で、実質利回りを指標に持ち、不動産投資を始めましょう。

不動産投資の４つの経費と減価償却

ここで「経費」についておさらいです。

不動産投資に伴う経費や支出には、以下のものがあります。

1. 管理費

物件を管理するための費用です。

不動産の管理には、建物のハード的な「建物管理」と、入居者向けの管理「賃貸管理」の2種類があります。

「建物管理」は、共用部分の清掃や各種設備の保守・点検などをいいます。

「賃貸管理」は、入居者の募集、家賃の集金代行、滞納者への督促、入居者からの要望への対応などです。

建物管理も賃貸管理も、手間暇がかかるので一般的には専門の会社に委託します。それを大家が自分で行っているのが、「自主管理」です。

2. 修繕費

建物の修繕やメンテナンスは、原則として物件オーナーの負担で修繕を行います。

3. 固定資産税・都市計画税

不動産を保有していると、年に一度固定資産税が発生します。

都市部であれば「都市計画税」も必要です。合わせて「固都税」と呼ばれています。

4. ローンの返済・利息

ローンを組んで購入した場合、金融機関に元本を返済し、利息を支払う必要があります。

原価償却は、不動産投資の初心者にはわかりづらいかもしれませんが、原価償却は経費として計上できるので、知っておくべき知識です。

課税の対象となる家賃収入は全額に課税されるのではありません。家賃収入から経費を引いた残りの所得に課税されます。節税したいと考えるなら、原価償却を上手に利用しましょう。

・不動産所得（収入－経費）×税率＝税額（※所得控除については考えない）

この計算式でわかるとおり、不動産所得が少なければ税額も少なくなります。不動産所得を少なく計上するには、収入を減らすか、経費を増やすかのどちらかということです。

「支出を増やさず経費を増やす仕組み＝減価償却」です。

減価償却は、経年劣化による建物の資産価値の目減り分を、経費として計上する仕組みです。従って、土地については減価償却の考えはありません。

また不動産所得の計算において、減価償却費を大きく計上できれば節税効果は高くなります。

減価償却資産の法定耐用年数表

構造	法定耐用年数（償却期間）
木造	22年
軽量鉄骨	27年
鉄骨	34年
RC	47年

耐用年数以上の築年数の物件を購入した場合には、簡便法で法定耐用年数の20％の期間が認められています。例えば、築22年以上の木造住宅の場合、耐用年数は4年間です。また、計算方法は個人事業者の場合は毎年一定額を償却する「定額法」で計算します。

例えば、新築木造住宅、建物部分が2000万円の場合、耐用年数22年で割って、減価償却費の年額は、約90万円です。

毎月10万円の家賃であれば、年額１２０万円から約90万円を減価償却費として控除できる計算です。

築22年以上の木造住宅、建物部分の価値が２００万円の場合、耐用年数４年で割って、減価償却費の年額は、約50万円です。

毎月６万円の家賃であれば、年額72万円から約50万円を減価償却費として控除することができる計算になります。

この控除できる金額は、実際にあなたの財布から出ていくお金ではありません。支出は伴わない経費です。上手に活用するとお得です。

「借りられるものはできるだけ借りる」が投資の世界では大前提?

前節では不動産投資にはリスクもありますが、多くのメリットもあります。

他の投資にはない一番大きなメリットは、金融機関の融資を受けて、投資することが可能なことです。

複式簿記の貸借対照表では、「資産＝負債＋純資産」と考えます。今ある資産は、「他人から借りた負債」と「純粋な自分の資産」との合計。

「借金も資産」という考え方です。

資産である不動産を活用して、収益を作り出す。資産が大きいほうが、より大きな収益を生み出すことが可能です。たとえ借金による資産であっても同じです。

もしも、あなたが銀行からの融資が利用できるのであれば、手元のお金を頭金にしてお金を借り、大きな資産（不動産）で運用することをおすすめします。

私たち夫婦は、2年間で約3億円の借り入れをして、一気に資産を増やしました。高額な借金をして、不動産という大きな資産を手にいれたのです。

ただ、3億円というのは、かなり極端な数字です。堅実にしたいなら、1億円程度の資産を築くことを目標にするのがいいかも知れません。


資産形成のシミュレーションをしてみましょう。

東京23区内で、利回り8％の鉄骨造、築15年の1棟アパートを1億円で購入したとします。必要な諸費用は、1000万円と想定します。

・自己資金：1000万円
・借入金：1億円

・借入金利率2％
・借入期間20年のローンを利用

このケースなら、年間の家賃収入が約800万円で、ローン返済金は約600万円。手残りは約200万円になる計算です。

経費が10％程度かかるとして、年間の収益は180万円で、毎月のキャッシュフローは15万円になります。

本業プラスαの収入として、安定的にこれだけ入ってくると考えたらいかがでしょう？もしも、あなたが40歳なら、60歳の定年退職と同時にローン返済は終わります。20年後に家賃収入が20％下がっていたとしても、経費差し引き後500万円以上の収入が入ってくる試算です。

その間の20年間、不動産収入の15万円を毎月、単純に預金したら3600万円ですが、これを投資信託などの金融商品で複利で積立運用していけば、さらに大きくなります。

年利2％の運用なら、約4200万円。年利3％の運用なら、約4600万円。年利5％の運用なら、なんと約5400万円という計算になります。

途中で、修繕費用や諸費用に1000万円程度を使ったとしても、3000万〜4000万円程度のお金が手元に貯まる上に不動産も残っているのです。

20年後は、すでに耐用年数を超えているので、建物の価値はゼロに近いですが、土地の評価額は残ります。現時点の土地代が5０００万円とすればそれ以上の価値の不動産が純資産として手元に残る想定です。20年後は現金と不動産の合計資産は、恐らく1億円以上になっているのではないでしょうか。

これは特別な計算ではありません。レバレッジをかけると、リターンが大きいという事例を計算しただけです。

もちろん、借金をせずに、現金で不動産投資を始めることも可能です。やはり、いきなり何千万、何億の借金をすることには、抵抗感を持つのが普通ですから。

私も初めて、横浜の中古区分ワンルームを購入したときは、ものすごく大きなプレッシャーと不安を感じたものです。1０００万円の借入額でした。

その後、ステップアップしていくごとに、資産に関する考え方が変化し、億超えの借り入れにも抵抗感がなくなっていったのだと思います。

借金が不安な人のために、手元の資金だけで現金投資をした場合もシミュレーションしてみましょう。

例えば、先ほどの例と同じ金額の1０００万円を、自己資金で使ったとします。東京近郊で、利回り15%程度の5000万円の木造の戸建て物件を、2軒購入したとして計算してみましょう。

年間の家賃収入は約150万円です。経費が5%程度かかるとして、年間の収益は、140万円となり、毎月のキャッシュフローは11万円。これを毎月、単純に20年間預金します。すると、2640万円が貯まることになります。

11万円を投資信託などの金融商品を使って、複利で積立運用していったらどうなるでしょうか。年利2%の運用なら、約3100万円。年利3%の運用なら、約3380万円。年利5%の運用なら、約4000万円に膨らむ計算です。

途中で、修繕費用や諸費用に1000万円程度を使ったとして、2000万~3000万円程度のお金が手元に貯まる計算です。さらに、20年後でも土地の価値は変わらないと考えられるので、土地代が約600万円前後の価値が残るといったところでしょうか。

貸借対照表の資産は、元の1000万円が、20年後には現金と不動産の合計で約3000万円前後に育っている試算です。複式簿記の貸借対照表は、ずっと「資産＝純資産」で推移し、借入リスクはゼロですから。

※CASIOの「keisan」ページ
生活や実務に役立つ計算サイト。約1000種類以上の計算を楽しむことができます。

複利で積立する場合の試算も、このページで簡単にできて便利です。

https://keisan.casio.jp/

初心者は「オーバーローン」には手を出さないで。大失敗した私の事例

オーバーローンやフルローンという言葉をお聞きになったことがあるかも知れません

通常、銀行から融資を受けるときは、頭金として、物件価格の10～30％、さらに10％程度の諸費用が必要と言われています。つまり合計で20～40％の自己資金を用意するのが一般的です。

オーバーローンは、物件価格全額の融資額＋諸費用まですべてを借り入れて、自己資金は0円。持ち出しなしで物件購入をすることです。

一方、フルローンは、物件価格全額の融資を受けること。諸費用は用意します。

本来は、「家賃収入＞ローン返済額」であれば回ると言われています。

ですが、オーバーローンで借り入れた場合は毎月の返済金額も高くなるため、「家賃収入＜ローン返済額」となる可能性もあり、赤字の状態に陥る可能性が高いのです。

本書でお伝えするのは低リスクでの不動産投資です。借りられるものは借りてしまおう

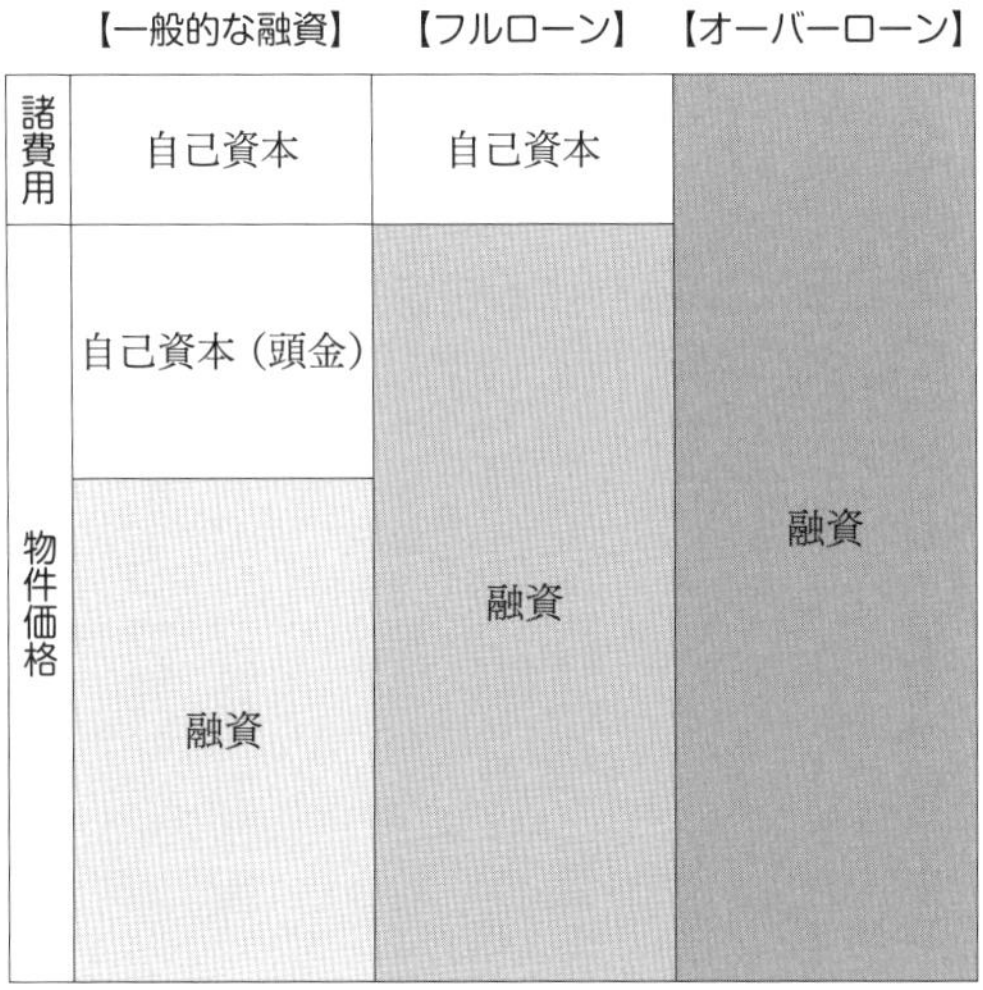

と、安直に考えずに、返済比率の数字を意識しましょう。

・返済比率＝ローン返済額÷家賃収入

この返済比率が高いほど、リスクが高くて危険ということです。

返済比率が１００％以上になったら完璧に赤字です。もはや健全な状態ではありません。50％以下なら購入ＯＫ、65％以上になれば購入はあきらめたほうが無難だと言われています。

オーバーローンは、ハイリスク・ローリターンです。不動産投資の手始めの1棟目から利用するのはおすすめできません。すでに複数の物件を持っているオーナーが、他の物件で赤字をカバーできる体制があるならば、戦略的に選択してもいい手段だと思ってください。

ここで私の失敗談を告白します。

シェアハウス2棟の購入は、オーバーローンで行ないました。

「大きな地方銀行がお金を貸してくれて、自分の資金の持ち出しもなし」「家賃はサブリースで30年間、固定金額で保証」という、不動産仲介業者の社長のセールストークをそのまま鵜呑みにしてしまい、結果的に痛い目に遇いました。自分の無知さ、勉強不足だったことを、大いに反省しています。

間違いを犯してしまった背景を、物件購入前の段階からお話しします。


最初に仲介業者から提案された数字は「毎月の家賃（80万円）∨ローン返済額（60万円）」でした。月々のキャッシュフローが20万円も出ると有頂天。しかし、サブリースの保証金額の80万円で計算した場合でも、返済比率は75％でした。これは、購入を再検討すべき要注意の値だったのですが、気がつきませんでした。

また本来なら、一般の家賃相場で計算した場合、返済比率はいくらなのかもしっかりと自分で確認すべきでした。当時の私は、まったく甘ちゃんでした。

相場で計算した場合は「毎月の家賃（50万円）∧ローン返済額（60万円）」となり、返済比率は120％と非常に高い数値、誰が見ても危険値でした。

もちろん、相場と保証料の差についてては確認はしていました。ところが、不動産仲介業者とシェアハウスの企画管理会社S社の答えは「家賃相場と保証料の差額は家賃収入以外のビジネス収入、人材紹介業などの収入で補填できる仕組みができているので大丈夫」と、自信たっぷりの回答だったのです。

借入先のS銀行横浜支店と提携先の大手人材紹介会社が、横浜駅前のスカイビルの同フロアに入っていたことや、運営管理会社S社の本社が銀座の一等地の立派なビルに入っていたことで根拠なく信用してしまいました。

この旨い話は、シェアハウスの企画管理会社S社とS銀行が組んで担保価値以上の割高な価格で物件を販売していたこと、S社は初めから倒産させるつもりの会社で、昨年、計画的に倒産したことなどがわかりました。私たちが物件を購入してからわずか2年半の話です。だまされたオーナーは500名以上のようです。S社管理の物件全体の入居率は4割程度だったそう。

情報不足・無知であったがために、詐欺的な旨い話しに釣られてしまったと猛省しています。

紆余曲折あって、シェアハウスの1棟は銀行融資を他の金融機関に借り換えて、金利を引き下げることができました。

管理を自主管理に変更して、毎月の固定費と経費の支出をカット。収益向上のために、シェアハウスの一部屋を民泊として運用を始めたり、女性専用から男女物件への変更、友人宿泊を有料で可能とするルール変更等、家賃収入を増やす仕組みを作って満室運営を目指しています。

おかげ様で現在は入居率9割です。

「毎月の家賃（50万円）＞ローン返済額（47万円）」、返済比率94％の状態。満室で、民泊ゲストルームの稼働率5割以上なら、返済比率が78％になります。まだまだ危険領域ですが、赤字から抜け出すのはもう一歩となりました。

不動産投資の世界では、物件を購入し続けるためには、「できるだけ自己資金をキープして、借り入れを多くすることは必須」と言われています。

ただし、これはそのまま、返済比率の数字が大きくなるということです。最初の数年は良くても、あとからダメージが襲ってくる可能性が大きいでしょう。きちんと未来をシミュレーションして、取り組むようにしてください。

金融機関に信頼される「属性」が高い人とは？

金融機関に信頼される「属性の高い人」とは、最低でも次のような条件をクリアして、さらにそれ以上のレベルの人といわれています。

・自己資金：1000万円以上
・年収：750万円以上
・勤務先および勤続年数：上場企業勤務。勤続年数5年以上。士業や医者など
・人柄および雰囲気：面談や電話の対応でチェック。「申込書の字が綺麗、丁寧」

金融機関は、これらの条件に照らして、総合的に判断しているようですが、自己資金の開示は必須項目です。企業の評価と同様、自己資本比率は重要な要素で、年収と自己資金がわかれば、その人の浪費度合いもわかるようです。

企業経営においては一般的には、自己資本比率は30％以上が良いと言われています。個人の場合も考え方は同じようです。

銀行は基本的には、個人の属性と、対象物件の評価、両方の担保力で評価を行っています。属性が高くても物件の評価が悪ければ融資することは難しく、逆に物件がいくら良くても属性が悪ければ融資を取り付けることは難しいようです。

属性を今すぐ高めることはできませんが、日々の積み重ねで着実に属性は高められます。1日でも早く高評価につながる属性を積み上げていくように、今すぐ努めましょう。

財形貯蓄をコツコツしていると、金融機関からの評価が高くなるようです。

財形貯蓄とは、毎月の給与から天引きで貯める、勤労者向けの積み立て貯蓄制度です。勤務先の会社が窓口です。会社は社員の給与から毎月一定額を天引きして、財形貯蓄取扱金融機関に払い込みしてくれます。勤務先が導入している場合は、従業員はパートやアルバイトでも利用できる制度です。

毎月強制的に給与から積み立てられて、解約するのも面倒なので、意思の弱い人や面倒臭がりの人も継続しやすい方法です。自分で貯められない人は、自己資金づくりのひとつとして始めてみてはどうでしょう。

財形貯蓄には「一般財形」「財形年金」「財形住宅」の3種類があります。財形住宅貯蓄と財形年金貯蓄の両者合わせて550万円までは、利息に税金がかからない仕組みがメリットです。とはいえ今の利息は微々たるものなので、対した金額ではありませんが、塵も積もれば……です。

勤務先に財形制度がある場合は、利用することをおすすめします。

銀行訪問のときのお役立ちは「銀行セット」

銀行に訪問するときのために、必要な書類一式をバインダーにまとめておくといいでしょう。私はこれを「銀行セット」と呼んでいます。一度用意しておけば、銀行訪問のたびに準備しなくていいので助かります。書類のコピーは複数用意しておき、銀行面談のときに面談担当者にコピーを渡すと話がスムーズです。

DINKs夫婦の場合は、お互いが保証人になるのが一般的。連帯保証人の情報も記載しておくことをおすすめします。

私の銀行セットの内容は以下のとおりです。

1. 身上書（夫婦二人分の連絡先、勤務先、簡単な履歴、資産一覧、物件情報、金融機関の取引先一覧、等をA4サイズにまとめる。自分が銀行員だったら初対面の人から知りたいと思うことを記入する）
2. 本人確認書類（健康保険、免許書、パスポート、住民票等のコピーなど）
3. 過去3年分の源泉徴収票
4. 過去3期分の確定申告書（青色申告している場合、損益計算書、貸借対照表等の申告

書類すべて）

5. 事業計画書、資金繰り表（不動産賃貸業と本業以外にも収入がある場合）

6. 物件資料（不動産業者からの販売資料）

7. 試算表（これから購入するものの想定家賃、収入）

8. 物件一覧表（所有物件の全情報。住所あるもの）

9. レントロール表（家賃一覧、所有物件のもの。入居率がわかるもの）

10. 各金融機関からの借り入れ資料（金融機関が発行した借入残高表や支払い予定表）

年度が変わったら、それぞれを最新版に更新しておくといいでしょう。毎年、確定申告の時期に見直しします。準備するのは面倒に感じますが、セットを事前に作っておくと、都度対応するよりも断然便利です。

銀行との面談は、自分自身の「プレゼンタイム」

前節で「属性が高い人」について、「人柄や雰囲気、経営者としての素質といった点が融資審査の判断材料となる」と書きました。

これは、銀行での面談のときや担当銀行員との日頃のやり取りなどにおいても、しっかりチェックされています。

面談では、あなたの経営者としての素質を判断するために、不動産事業の経営方針や将来のビジョンについて質問されます。銀行に対しては、今後、拡大していく前向きな意欲を見せたほうがいいです。

そのときに注意したい点は、「不動産への投資」と言ってはダメ。「自分は、賃貸経営の事業を始めたい」と明言して、そのために考えていることを具体的、かつ熱意を持って伝えましょう。

元銀行員の方から聞いた話ですが、銀行に提出する書類の筆跡もチェックされているそうです。達筆かどうかではなく、「丁寧に書かれているかどうか」が肝心だとか。もちろん、誤字脱字は論外です。

外見の見出しなみだけでなく、そのすべてがあなた自身の「プレゼンタイム」と肝に銘じて、臨むようにしましょう。

借り換え時の手数料には注意

現在、不動産からの家賃収入を得ている大家さんも、家賃収入がこの先も同じ金額で続くとは限りません。築年数の経過や入居者の入れ替えで、家賃を下げざるを得ないときがきっと訪れるはずです。そうなると、不動産の利回りは必然的に下がっていきます。

そこで、少しでも支払いのマイナス金額を抑えるために、ローン金利の値下げ交渉や他の銀行に借換えの打診をお伺いすることをおすすめします。

狙い目は、銀行と交渉しやすい3月と9月と言われています。銀行にも厳しいノルマがあるので、この決算時期の直前に申し込めば交渉が成功する可能性は高まるはず。ぜひ、チャレンジしてください。

私は２０１５年にＳ銀行から借り入れたアパートローンを、２０１７年年末に地元の信用金庫に借り換えしました。その結果、金利が4・5％から2・2％と半分になりました。月々の支払い額は約60万円から47万円になり、少し身軽になりました。

ただＳ銀行には、５年以内の全額返済のため、契約書の規約に則って約２２０万円の手数料を支払わなくてはなりませんでした。借り換えはおすすめですが、手数料がかかることは頭に入れておいてください。

融資や借り換えで狙うべきは「信用金庫」

「あなたのまちの信用金庫」というフレーズがあるとおり、家の近所には郵便局と信用金庫がたいていあるかと思います。生活圏内で身近な存在にもかかわらず、信用金庫と取引があるサラリーマンは意外と少ないのではないでしょうか？

私も信用金庫と付き合いが始まったのは、借り換えの相談に乗ってもらったときからです。たまたまJ信用金庫の支店長とご縁があり、自宅も対象物件もその支店の管轄エリア内だったので、借り換えることができました。

信用金庫と新規取引を行う場合は、対象物件や自宅がその支店のエリアか否かが重要だそうです。まずは近所の信用金庫を訪問してみて、相談してみるのはどうでしょうか。

どんな金融機関も競合他店を意識しているものです。他の銀行や信用金庫とも同時に相談していることをオープンにすることも効果的かもしれません（悪い印象を与えないように注意してください）。

「お手軽な区分物件」は金融機関の評価が低い

土地付きの建物、戸建てやアパートに比べて、区分マンションは銀行の評価が低いことも覚えておくべきです。初の融資を受けて不動産投資を始めたいと考えている人には、区分物件はおすすめできません。

不動産投資の世界では、区分マンションの借り入れは「与信枠を棄損する」とまで言われているのです。

区分マンションの融資は、「個人の与信枠」というものを使って融資を受けていて、サラリーマンの場合、給与収入から上限も決まっているそうです。

例えば、年収が1000万円あっても、区分マンションを2戸から3戸程度購入すると、通常は与信枠が限界に達し、それ以上の借り入れは難しくなってしまうのです。

もし、次はアパート1棟を購入したいと思ったら、手持ちの区分マンションを売却して借り入れがゼロに近い状態に戻さないと、融資はなかなか受けられないでしょう。

通常、不動産取引の査定は、積算評価（土地は路線価、建物は再調達価額）や、家賃の収益額、周囲の取引相場額などを様々な情報を勘案して、売買のときの参考価格が決められています。

しかし、銀行が区分マンションを評価する際は、これよりも低い「固定資産税評価」をベースに計算される場合が多いそうです。

固定資産税評価の金額は、毎年送付されてくる「固定資産税の納税通知書」に記載があります。物件購入時には、売り主側に参考資料として開示してもらいましょう。

新築のワンルームへの投資なら、売買価格と固定資産税評価の額は、5倍〜6倍くらい違ってきます。新築ワンルーム投資をすると、与信枠を大きく傷つけるということです。

区分投資の価値は、人気がどれだけあるかで決まります。物件の価値は誰もが欲しいと思える立地にこだわるのが得策です。

区分への投資は1棟ものの投資のような拡大スピードや大きな儲けはありませんが、リスクは少なめで確実に進むのには適した投資と言えます。

また建物管理は、マンションの管理組合がしてくれるので手がかかりません。色々と研究して、自分に合った投資方法や物件を見つけていきましょう。

税制優遇が活用できる条件とは？

本章の最後に、税金についてお伝えします。物件取得前に知っておくべきポイントとして「床面積の規定」があります。

主に自宅用となりますが、税制優遇の対象物件に「登記簿に表示されている床面積が50㎡以上」と要件されているものが多いです。それ以上の広さの物件を購入して下さい。

マンションのような共同住宅の床面積を表記する場合、「壁芯」と「内法」という2種類の表現があります。

不動産会社のチラシ、パンフレットに記載の面積は、隣の部屋との境の壁の中心を基に計算した値（＝壁芯）。

登記簿上の面積は、壁の内側によって計算した値（＝内法）。内法は、室内の壁から内側の広さなので壁芯より少し狭くなります。税金の判断は、内法《うちのり》で判断されるのです。

ＤＩＮＫｓの皆さんであれば、自宅として小ぶりな２ＬＤＫ（50㎡前後）のマンションを住宅ローンで購入、住宅ローン控除を受けようと考えている方もいるのではないでしょうか。

物件選びの際には、床面積がポイント。

床面積が52平方メートル以上の物件が、「壁芯で50㎡以上」となる目安です。

私の１軒目の自宅は、まさに広告チラシに記載されていた面積が51㎡（壁芯）で、登記面積（内法）を確認すると約49㎡、各種の税制控除をギリギリ受けることができませんでした。

6

物件の「管理」で気をつけるべきはここ！

「物件管理」には大きく分けて3つの方法がある

不動産投資といっても、単に物件を購入しただけでは何も始まりません。物件を管理運営し、入居者から家賃収入を得て、初めて不動産投資をやっていると言えます。

それでは、物件購入後にやるべき「管理」について、本章で具体的なイメージを掴んでみましょう。

まず、物件の管理には、大きく分けて「賃貸管理」と「建物管理」があります。ざっくりですが、入居者への対応が「賃貸管理」で、建物のメンテナンスが「建物管理」と思ってください。両方の管理がきちんとできていることが、入居率を維持して、空室リスクを防ぐことにつながるのです。

もう少し細かく説明すると、次のようになります。

6 物件の「管理」で気をつけるべきはここ！

◆賃貸管理（入居者管理）
・入居前：入居者募集。問い合わせ、内覧対応、入居者の審査、契約手続きなど
・入居中：家賃の入金確認と回収、滞納があれば督促、トラブルの対応など
・入居者退去：退去時対応、敷金の清算や、清掃、鍵交換など

◆建物管理
・日常の共用部分の清掃
・建物の故障や修繕の対応や設備交換など

そして、それぞれの管理方法としては、主に3種類が挙げられます。
1．自主管理：家賃の回収や掃除をオーナー自ら行い、催促や手配をする
2．委託管理：管理会社に手数料を払って管理を任せる。最も一般的
3．サブリース：管理会社に借り上げ「家賃保証」をしてもらう。安定的

管理方法で、一般的なのは、2番目の管理会社に管理費用を支払って依頼する方法です。プロの管理会社が管理を代行してくれるので、忙しい兼業大家は助かります。上手に運用を依頼すれば、オーナーの負担が軽減します。

入居者管理と建物管理は両方を同じ管理会社に任せなくても大丈夫。賃貸管理だけを管理会社に任せて建物管理は自分で、という大家（オーナー）も多いです。

賃貸管理の委託料金は多くの場合、月額家賃の◯％というように回収家賃に対する比率で決められています。平均的な数字はアパートの場合で3～10％、シェアハウスの場合で5～20％といったところです。

一方、管理全般をオーナー自らが行うのが、自主管理です。

こちらは、自分の所有物件をこまめに見回り、修繕などもすべて自分で行います。自らが管理することで、管理会社に支払う経費が節約できるのが一番大きなメリットです。

自主管理といっても、オーナーが自分の手ですべての作業を行うケースばかりではありません。お掃除などの作業を外部業者に委託して、オーナーは管理全般のマネジメントを行っているというパターンが、最近は多いようです。

不動産投資の初心者の場合、物件購入したらまずは自主管理で始めてみて、管理物件が増えてきたら管理会社に委託するというのがいいかも知れません。

3番目の選択肢としてサブリース（転貸借契約）と呼ばれる形態の管理方法もあります。これは、管理会社が建物や部屋を借り上げ、入居者を見つけて自ら運営してくれます。

入居の有無に関係なく、オーナーには「毎月一定の保証された家賃」が入ってくる仕組みです。

オーナーのメリットは「何もしなくて良い」「空室リスクの心配をしなくて良い」ということ。3つの管理方法の中で、オーナーにとって一番良さそうな気がしますよね。

ところが、現実はそう甘いものでもないのです。

サブリース契約に潜む危険なデメリット

実は、このサブリース契約は、オーナーは楽というメリットの裏側に、とても危険なデメリットも潜んでいます。

私自身も、このサブリース契約で苦い経験をしました。そのときのことは、最終章で詳しく触れます。

新築物件の宣伝で、例えば「30年間のサブリース契約で安心保証」などと謳っているものをよく見かけませんか？

その言葉を額面通りに信じてはいけません。たとえその内容の契約書があっても、契約内容は実は法的な意味を持たないのです。もし訴訟になったら、「大家側が負けるだろう」と知り合いの弁護士から言われました。実際に過去には最高裁の判決があるそうです。

「借地借家法」の法律では、借り手側が弱者という考えで、借り手の（管理会社）が保護されています。

保証している家賃の値下げや、契約の打ち切りなども、経済環境や周辺家賃の相場が変化したからという理由で、一方的な通知にて許されるのです。

また、借り手側の法人を倒産させてしまえば、借り手側の責任も、管理を請け負っていた管理会社の責任も問われません。泣かされるのはサブリース契約をしていたオーナーだけです。私の経験したのも、このパターンでした。

大東建託やレオパレスなどの大手ハウスメーカーは、長期保証を大きく宣伝していますが、あれは建物を建てさせるためのオマケだと思ってください。

建物の建設費用には、サブリース期間の保証料金の原資も含まれているのです。広告宣伝費なども、回り回ってオーナーが負担しているのです。

建物の建設にはかかわらず、サブリース契約だけをしてくれる管理会社もありますが、管理委託手数料が一般より高い設定がほとんど。管理委託料金の中には高い保証料金が含まれているのです。

高額な管理委託費を払いながらの運営は、よほど利回りが高い物件でない限り、収益は出ないでしょう。

それでも「面倒なことは丸投げしたい」という人は、リスクを充分に理解した上で、サブリース契約という管理委託方法を選んでください。

管理会社を選ぶときはレスポンスが重要

委託管理する場合、管理会社がたくさんありすぎて選ぶのに迷うと思います。良い管理会社（担当者）かどうか、私は次のポイントで判断しています。

・レスポンスが早い
・入居者を見つけることがうまい（営業力）

レスポンスが良ければ、まずは安心感が得られます。

そして、入居者を迅速に見つけてくれるかどうかは、家賃収入に直結することなので、オーナーとしては最も肝心なことです。

私は昨年、所有物件の1棟を自主管理に切り替えました。管理会社の遅いレスポンスに対して不満だったことが、契約解除した理由のひとつです。

担当者とのやりとりの際、相手の業務の邪魔をしないよう配慮して、電話ではなく主にメールを利用していました。ところが、返信が来るのは、ほとんど数日後。当日にはまず返事は来ませんでした。

こちらとしては困ったことや問題点があるから、連絡をしているのです。放置されるのは、気分のいいものではありませんし、時間の経過とともに問題点が大きくなることもあります。せめて翌日には返事が欲しいものです。

残念ながら、これは業界全体の風潮のようです。大家仲間と話すたびに私と同様の不満を持つ人が多いことに気づかされました。恐らく人手不足なのでしょう。結果、ルーズな対応になるということです。

不動産業界にはこのような会社（担当者）が多く、これこそ不動産業界の独特な文化かも知れません。他の業界で働く兼業大家だからこそ感じるのですが、他の業界の常識とは違うようなことが多々あります。

オーナーの私からの連絡にさえ対応が遅いなら、恐らく入居者からの問い合わせにも遅いレスポンスだろうと容易に察しがつき、入居者のストレスが心配でした。

思い切って自主管理に切り替えてからは「やりとりがスムーズになった」と入居者から

も好評です。変更して良かったです。

目先のお金の節約だけにとらわれず、長期的なベストを目指して管理方法を決めてください。

物件の管理の仕方を先に決めておくことで、これから探す物件の着眼点も変わってくるはずです。

「自主管理」を成功させるポイントは物件との近さ

私はシェアハウス1棟を除いて、すべて「自主管理」で運営しています。元々は、シェアハウス2棟を管理委託していたのですが、1棟を半年前から自主管理に切り替えました。

自主管理については「私にできるかしら」と心配する人もいるでしょう。現役実践者として明言します。「やって、やれないことはない！」。大丈夫、どなたでもやれます。

入居者とのやり取りと物件のチェックなどは、マメでコミュニケーション能力が高い女性向け（妻）です。建物管理にともなう大工作業やメンテナンスは、男性向け（夫）の管理業務といえるのではないでしょうか。ですから、夫婦で対応ができれば、バッチリですね。

自主管理の良いところは、自分の裁量ですべて行えてローコストで運営できること。さらに入居者と直接やり取りができることもメリットだと思います。

入居者の声を取り入れながらの運営なら、入居者の満足度も自然と高くなります。入居者の気持ちに寄り添いながら運営する自主管理というスタイルは、家族のことを思いやりながら家事をする主婦業に通じる気がします。まさに大家は親で、入居者は子どものような存在だと言えますね。

賃貸運営を始めてからというもの、子どものいない私たち夫婦の共通の話題も増えました。子育てを終えた世代のご夫婦が、ペットを飼い始めると、ペットが生活の中心になるとよく言われますが、それと同じかもしれません。

今の私たち夫婦の話題は、半分以上が物件管理にからんだ話です。入居者にとってベストな方法を基準に考えつつ、私たちにとっても良い方法についてアレコレ相談しています。そして、週末のたびに物件に通っているので、物件との距離は近いほうがいいというのが実感。遠いところにある物件は、巡回の優先順位がどうしても下がり、足が遠のいてしまいます。

都内3つの所有物件の中で自宅から一番遠距離にある豊島区の物件がもっとも訪問頻度が低いですから。

不思議なことに管理のために頻繁に通っている物件には愛着が深まり、入居率も高くなる傾向があるようです。よく通う物件ほど、「可愛さ」が増して、集客活動にも力が入るからかもしれません。

例えば今は、民泊の対応もあって大田区蒲田のシェアハウスに頻繁に通っていますが、シェアハウスの部屋も次々と入居が決まり、入居率は9割をキープしています。

区分物件なら自主管理も楽チン

区分所有といわれるマンションの1室を賃貸運営する場合、わざわざ管理会社に委託する必要はないです。通常マンションには所有者で作る管理組合があり、共用部は管理されています。

そのため、修繕積立金と管理費を管理組合に毎月支払います。管理組合が共用部の清掃や建物管理を手配して行ってくれているのです。区分所有のオーナーがやるべきことは入居者管理だけ。毎月の家賃をチェックするだけなので、自主管理でも充分というわけです。

区分マンションの購入時は、販売している不動産業者から「賃貸の委託管理もお任せください」とアピールがあるかも知れませんが、断っても問題ありません。

私の初めての不動産投資物件は、中古マンションの区分所有で、管理方法は委託管理を選びました。

1軒目の物件購入時は何もかもが初めてで、不安でいっぱい。物件の内部まで見なければ心配で、内覧が可能な入居者のいない部屋を希望しました。

紹介された物件は、仲介の不動産業者が元の売り主から買取して再販している「三為物件」と呼ばれるもので、売り主はその不動産業者でした。管理もその不動産業者が自社管理していて、管理依頼をしている間はずっと家賃保証もしてくれるという点が魅力で購入を決めました。

あとからわかったのですが、これは一種のサブリース契約のようなものでした。販売価格の中には将来的な保証料も含まれていたので、相場より1割程度も高額だったのです。

初心者だった私にとっては、毎月決まった賃料が入ってくる安心感はとても魅力的でした。実際に空室だった期間は途中4ヶ月程度あり、その間はちゃんと家賃保証をしてもらえました。

7万円の家賃設定だったので、不動産業者が負担してくれた金額は、単純計算で28万円。不動産業社は相場よりも200万円近くも高い価格で販売しているので、業者にとっては痛くもない金額でしょう。

6 物件の「管理」で気をつけるべきはここ！

委託管理の毎月の管理委託料金は5％で、それほど高い金額ではありませんでしたが、家賃保証を付ける必要はなかったのです。普通に相場どおりの価格で購入して、自主管理にすれば良かったということです。

今思えば、この物件購入時には、自己資金を投入しすぎたことも失敗でした。

不動産業者に紹介されてオリックス銀行から借り入れをしたのですが、頭金が1割か2割かで借入利率が違うと言われ、2割の頭金を用意しました。

諸費用と合わせると、合計3割ほどの自己資金を投入したことになります。

その結果として、月々のキャッシュフローは2万円弱出ていたので、パッと見は正解に思えます。ところが物件購入後にじっくり試算してみると、最初の自己資金を回収するのに、なんと20年近くもかかってしまうことがわかりました！

不動産投資では、自己資金をそんなに注ぎ込んではダメなのです。自己資金の回収に20年もかかるなんてNG。借入金額がいくらだろうと、借り入れにともなう手間ヒマは同じです。それなら、なるべく多い金額を長い期間借り入れして、レバレッジを効かせたほうがいい。

住宅ローンとは違って繰り上げ返済も不要な考えです。その分、事業拡大と万が一のために自己資金は手元に置いておくべきです。

「情報弱者」という言葉がありますが、当時の私はまさに情弱そのものでした。

該当の区分物件は3年後に売却しましたが、売却価格は「購入価格＋諸費用の8割程度」の金額でした。損失金額は約300万円。

慎重を期して安心路線で購入したはずが、相場より高く買って短期で売却したため、みっともない結果になってしまいました。


1戸目の失敗を糧に2戸目の区分物件は通常の仲介で購入しました。物件購入時には指値をして少し安く購入できたので、売却時にも損はしませんでした。

オーナーチェンジ物件だったので、契約直後から家賃収入が発生。購入してから2年後に売却するまで同じ法人に借りてもらっていたので、内見することもないまま手放しました。

2軒目を購入するころには、初物件のときとは私のマインドが違っていたので、怖さや不安はありませんでした。自主管理にしたのも正解だったと思います。

2戸目は購入から2年半で売却して、キャピタルゲインと所有期間中の家賃収益を合わせると、1戸目の損失と同程度の儲けが出ました。


本書を読んでくださっている方には、できるだけ失敗をしてもらいたくありません。

これから不動産投資に挑戦する参考になればと、良いことだけでなく恥ずかしい失敗経験もあえて事実として載せています。本を読むだけでなく、併せて、信頼できる先輩大家さんに相談しながら物件を購入してくださいね。

家賃滞納を防ぐ強い味方「保証会社」の活用法

自主管理で面倒だと感じることに、家賃が振り込まれていない場合の対応があると思います。

家賃というのは通常は前払いで、前月の月末までに翌月分の家賃を振り込んでいただきます。月末に確認して、まだ入金されていなかった場合には、入居者への確認が必要になります。これがなかなか気持ち的にはハードルが高いのではないでしょうか。

入居者の中には毎月のように遅れ気味な人が一定数います。どうやら確率の問題のようで、自主管理大家さんは皆さんそういう入居者を抱えているそうです。

それをサポートするため保証会社があります。

保証会社ごとに、そのサービス内容や特色は様々です。

遅れた家賃を代行回収して支払いしてくれる会社もあれば、大家から都度連絡を入れることで、支払いをしてくれる保証会社もあります。

私が利用中の保証会社は、毎月決まった日に家賃を入金してもらっています。入居者の支払いが遅れた場合にも代行して振り込んでもらえるので安心です。

また、入居者への催促を保証会社がしてくれる点も、大家にとっては精神的なメリットです。

ただ、どんなことでも、メリットがあれば必ずデメリットもあるものです。

大家にとってのデメリットは、誰かが振込遅延をしても大家にはわからないということ。

入居者にとってのデメリットは、保証会社へ支払う保証料金です。

契約は保証会社と入居者となるので、保証料金は入居者負担が基本なのです。

通常は年払い契約で、1年ごとの更新手続きは保証会社が入居者と直接してくれるので楽です。自主管理大家には助かることが多いので、保証会社への加入を契約条件にされることをおすすめします。


家賃の振り込みに関するエピソードを加えておきます。

私の物件の家賃入金が毎月、遅れ気味の方の話です。こちらから連絡するとすぐに降り込みしてくださるのですが、私としては「またか～」という感じでした。そこである日、催促のメールをするときに、私の実情を書き添えてみたのです。

「ローンを組んで物件を購入したサラリーマン大家です。いただく家賃で毎月月初にローンを支払っているので、入金が遅れたときの立て替えが厳しいです。」

こちらの実情をオープンにして、月末までに入金していただけるようにお願いしました。すると、翌月は月初と月中に、2回も入金されていました。

間違って二重に振り込んだのかと確認すると、「毎月月末だった支払いを前倒しして月初に振り込みするよう、自分でルール変更しました」とのこと。そのお気持ちがとても嬉しかったです。実行されたのは数ヶ月だけでしたが……。

このような実例もあるので、家賃の支払い遅延にお悩みの大家さんは、こちら側の実情を話してみるというのも手かも知れません。

保証会社を利用したほうがいいパターンとは

パートナーとして保証会社の利用はおすすめしますが、同時に保証会社の手数料を入居者に負担させていることは意識すべきです。

一般的なアパートでは、経済的に独立している人が入居対象。近隣の競合物件も、同様に保証会社を利用している環境であれば問題ないでしょう。便利な仕組みなので大いに利用していいと思います。

しかし、シェアハウスのように経済的にギリギリの若年層にとっては、保証会社への費用さえも負担が少なくありません。近隣で競合のシェアハウスが保証会社不要と謳っているようなら、保証会社の利用を条件にするのは見合わせたほうがいいと思います。どんなにメリットの多いシステムでも、その導入については物件ごとの状況と照らし合わせながら柔軟に対応することが必要です。ただし、保証会社を使わない場合は連帯保証人を必須にしてください。保証人がいない場合は、保証会社の利用を条件にすれば良いと思います。

実は昨年の夏、シェアハウスの女性入居者に夜逃げされました。ハウスの他の入居者には引っ越しを伝え、挨拶までして出て行ったそうですが、大家や管理会社には何も告げず、鍵も返却せずにいなくなったのです。家賃2ヶ月分を滞納したまま踏み倒された形です。

委託している管理会社の方針で入居のハードルを低くするため、申込時には連帯保証人ではなく、緊急連絡先のみをいただいていました。

父親が緊急連絡先でしたが、管理会社から父親に連絡してもらったところ、「娘とは自分も連絡が取れない」「保証人ではないので支払い義務はない」といわれ、弁済してもらうことはできませんでした。

この事件で「不動産賃貸業はビジネス。契約はシビアにすべきである」ということを学んだ気がします。

それ以降、入居規約を見直して「保証会社か連帯保証人は必須」を新規契約の条件にしています。この条件が受けられないとなるとよほど複雑な事情を抱えた人でしょうから、こちらからお断りするぐらいの心構えでいいと思っています。

オーナーチェンジ物件を引き継いだら、前のオーナーから学ぶ

オーナーチェンジで中古アパートを購入したことはお伝えしましたが、そこを自主管理で運営したのは、前のオーナーさんも自主管理をされていたからです。

前オーナーさんの本業は税理士の女性。賃貸併用住宅として建設して、上層階3－4階のメゾネットに自宅としてお住いだったそうです。

1階と2階の賃貸用ワンルームの管理はずっとご自身でされ、売却時には元オーナー住戸も賃貸中の状態で、計5部屋が満室の状態で譲り受けました。

前オーナーに管理の方法を質問したところ、ご自身が住まなくなったあとは弟さんに依頼して、週に一度、清掃とチェックをしていたとのことでした。

購入から2年が経ちましたが、今のところ問題なく管理できています。

２０１８年は自然災害がとても多い年でした。私も大家としてイレギュラーな経験をしました。特に台風は異常なくらいのラッシュだったことは記憶に新しいと思います。

ある日、所有しているアパートの入居者から「台風のあと停電になって、給湯器が使えなくなった」と連絡がありました。入居者ご自身で電力会社とガス会社に連絡してもらってガス給湯器の交換を行い、請求はオーナーの私宛にしてもらうことで対処しました。

突発的な故障の場合、火災保険に「電気的・機械的事故特約」という特約オプションをつけていれば保険で対応可能だったようですが、そのときは特約をつけていなかったのですべて実費でした。火災保険の必要性を痛感したので、そのあとで特約を付けて火災保険に入り直しました。

続いて、元オーナー住居でも「給湯器のリモコンが使えなくなった」と連絡がありました。緊急ではなかったため数社に見積もりして検討した結果、給湯器本体を交換することに。

緊急対応ではなく時間的余裕があったこと、私自身が手配できたこともあって先のケースよりも安価に交換できました。自分自身で対応や準備をするべきという好例です。

他にも、エアコンの交換や壁紙の張替え、外階段のペンキ塗り、庭の植木の剪定などのメンテナンスが発生して、自主管理大家としてひと通りの経験をさせてもらっています。

前オーナーとの良好な関係を築いて、業者さんの紹介などの人脈を引き続き使わせてもらったからこそ、うまくいってるのだと思います。周囲の協力を得て、人に助けてもらうことで前進できるということですね。協力者や家族へ感謝しています。

シェアハウス　リビングルーム

7

こうすれば不動産投資の「落とし穴」にハマらない

「思い立ったら即行動」は、投資では失敗のもとになる恐れあり

どんなことでもグズグズと先送りにするより、まずはやってみることが大事と信じている私は、「すぐ行動する派」です。ところがこれが、いい結果ばかりではなく、時には悪い結果を招くこともあります。

特に不動産投資のように長期的な展望で取り組むものは、軽はずみな行動が大きな損失につながるかも知れません。直感に従って行動するばかりではなく、時にはじっくりと慎重に考えることも大切です。

そもそも私が、老後生活のプラスαとして不動産投資を選んだのは、とても単純なきっかけでした。近所の築古マンションの販売チラシが、ポストに入っていたからです。チラシに記載されていた想定利回りの数字に、「あっ、いいかも！」と心惹かれたのです。

確か利回り15％と記されていたかと思います。当時、すでに銀行預金の金利は０・１％を下回っていたので、築年数30年超えの古いマンションが15％もの利益を生むことが魅力的に映りました。

もともと不動産は好きだったのですぐに問い合わせをして、歩いて物件を見に行きました。そのときに案内してくれた不動産仲介業者の営業マンから、同じ中古でももっと築浅のいい物件があると紹介されたのが、その後に購入することになる横浜桜木町の区分マンションです。

築10年で入り口がオートロックの立派なマンションは、先に見た30年超えの築古マンションと比べて実に立派に見えました。ちょうど退去後で空室だったので、部屋の中も見せてもらえました。

角部屋で明るい1K、バストイレ別、キッチンには魚焼き機もついて料理好きにもうってつけ。まさに「自分が住んでもいいいな〜」と思える部屋で、すっかり気に入ってしまいました。

自身も不動産投資をしているという20代の若い営業マンの言葉を、初心者の私が疑うことはありませんでした。内覧したその場で、購入を即決してしまうというスピーディな展開となったのです。

残念ながら、初めてのマンション購入は、成功ではありませんでした。相場よりも高めに購入、頭金2割も注ぎ込んだため、大事な自己資金を減らしてしまいました。3年後に手放し、実質2割近くの損をして売却するという結果になってしまったのです。

1軒目のマンションを購入してからネットで不動産情報を集め始め、不動産投資の本を読んだり、塾に入って勉強したり、セミナーに通ったり、ということをスタートさせました。やることの順番が逆ですよね。我ながら、呆れてしまいます。

この章の最初にも書いたとおり、何でもあわてて動かず、まずはよく調べ、じっくり学び、比較検討をしてから物件を購入することをおすすめします。

ネットで検索して気に入った物件が見つかったときには、もしもこの物件を購入したら自分はどうなるかをイメージしてみましょう。

うまくいくパターンと最悪のパターンの両方をイメージし、さらに具体的に数値化して試算してみてください。不動産投資には、シミュレーションは必須です。

利回りは、表面利回りだけでなく、実質利回りの数字も必ず出しましょう。想定される空室率や、諸費用、税金も反映させて計算しましょう。

管理を自分でするのか、管理会社に任せるのかによっても必要な経費は変わり、計算結果も異なります。あえて、ちょっと厳しめに計算しておくのがいいです。

「思い立ったが吉日」や「善は急げ」の心がけは、決して悪いことではありません。何ごとも行動を起こさなければ始まりませんし、当然ながら人生を変えることもできません。

行動力がある人は、行動力のない人に比べて明らかに成功確率は高いはずです。

しかし投資に限っては、行動の前にイメージする習慣と、リサーチやシミュレーションをする慎重さを忘れないでください。

そして、その分野で成功している諸先輩に相談することも重要です。

アパート、マンション、戸建て、対象物件の種別によって、見るべきポイントが異なります。同じエリアや同じ程度の築年数の物件を持つ先輩大家さんに話が聞けたら、こんなに心強いことはありません。経験者、実践者の言葉ほど参考になるものはないです。

「なぜ、不動産投資をするのか」の目的とゴール

不動産投資を始めた当時の私たちは夫婦の未来について考え始めたころでした。定年まであと20年弱。老後が他人事ではなく、自分事として捉えられるようになっていました。ちょうどメディアやマスコミで、老人の貧困化が注目され始めたころで、下流老人などという言葉が妙なリアリティを持って、冷やりと私の心に突き刺さりました。

そんな焦燥感の心理状態で投資物件を購入し、結果的に失敗をしました。老後の生活にゆとりをもたらすための選択肢として、不動産投資を選んだことは決して失敗ではありません。

ただ、不動産投資で利益を得ることとは、銀行の定期預金などにお金をプールするのとは根本的な違いがあるのです。

周到な準備、緻密なシミュレーション、冷静で慎重な行動、そして資金が目減りするリスクを背負う覚悟やマインド……これらがなくては、不動産投資で成功することはできません。逆を言えば、これらが揃っていれば、不動産投資で利益を得ることは誰でもできるということです。

私は不動産投資をやると覚悟を決めてからは、速いスピードで資産を拡大させてきました。現時点での私たち夫婦の借金は、約3億円。私は借金も資産だと考えているので、対外的には資産3億円と公開しています。

家賃収入、借入金の返済額等、月々100万円を超える金額を回しています。不動産事業家としてお金を循環させて、経済の活性化に微力ながらも貢献していると自負しています。

不動産投資から不動産事業にレベルアップして、やり甲斐も大きくなりました。若い世代や女性に向けて、快適な住まいや仕事の提供。さらに築古住宅の活性化と有効利用……自己満足かも知れませんが、私が手がけている不動産事業は、間接的には社会貢献になっていると自分では思っています。

私の好きなビジネス用語に「Ｗｉｎ－Ｗｉｎ」があります。「自分も相手も、双方が満足」という意味です。

不動産事業を行って、利益を得る。人のお役にも立て、感謝もされる。税金を払って、社会にも貢献する。これぞ三方良しではないでしょうか。

もしかしたら、女性として次の世代に子孫を残せなかった代わりに、何かを残したいという気持ちが私の中にあるのかもしれません。だからこそ、不動産に対して親のような愛情を持って臨むことができているのでしょう。

今の私が目指すのは、不動産事業を運営しながら、老後はお金の心配がない生活をすることです。健康で自由な時間があってお金のことを気にせず、自分がやりたいことや行きたい場所に行ける人生。一緒に楽しめる仲間もいればパーフェクトですね。想像するだけでワクワクしてきます。

いずれ、体力的に独りで生きることが難しくなったら、高級老人ホームで、悠々自適な生活を送るというのも人生設計のひとつです。

ここまでの私の人生、こと不動産投資に関しては大小の失敗をいくつも経験しました。ですが、たとえ失敗してもリカバリができて本人が満足していたら、人生は成功ではないでしょうか。

失敗が私をお金に向き合わせてくれました。

お金について体系的に学びを深めるため、ファイナンシャルプランナーの勉強をし、FP2級とAFPの資格を取得しました。二度と騙されないために不動産業界の仕組みを理解すべく、宅地建物取引士の資格試験に挑戦、合格しました。

本業の就業後に学校に通い、帰宅後に課題をこなす毎日は大変でしたが、今となっては懐かしい気もします。

大家業の実務には、これらの資格は不要です。でも、宅建士やFPの資格を持っていることが、自分の自信につながっているのは確かです。


不動産投資家からスタートして、不動産事業者に転向した現在の姿に、私自身は満足しています。借金3億円を背負っている現実も、返済していく自信があるので、さほど重さを感じていません。これも資産なのです。

人間はいつか必ず死にます。死んだら、資産も借金もすべてなくなるのです。死んであの世に持っていけるものなどひとつもありません。ぜひ時間を作って、自分の人生について、考えてみてください。

「なぜ投資でその金を稼ぎたいのか」

「稼いだお金はどうしたいか」

「死ぬときはどうありたいか」

人生最終的にどうすべきかを考えておくと、生きることが楽になります。

自分の価値観と、めざしたいゴールのイメージ。この両方を自分自身で早いうちに確認しておくことをおすすめします。

不動産会社の「無料」セミナーにホイホイ行くのは危険

声を大にして申しあげますが、不動産投資を始めるときに不動産会社主催の無料セミナーはとても危険です。もしも行くなら、ぜひ有料のセミナーを選んでください。

セミナーと称して見込み客を集めること――これが無料セミナーの正体です。

不動産セミナーの講師は、たいていの場合は主催不動産会社の営業マン。でも、受講者からみれば不動産の先生ですよね。その先生のいうことを信じてしまうようなマインドコントロールは、セミナー募集の段階から刷り込まれています。

セミナー会場を手配して、トークがうまい社長や社員を講師に据えて、ゲストとして有名な大家を招集して……と手間と時間と費用をたっぷり注ぎ込んでいますから、一人でも多くの客を取り込もうと主催者側も必死です。どうか私のように捕まらないようにしてください。

私の不動産投資歴における黒歴史と言えるのが、「かぼちゃの馬車のシェアハウス事件」の被害者になってしまったこと。該当のシェアハウスを私に勧めたのは、とある不動産仲介会社の社長でした。

私が社長と知り合ったきっかけは、その会社主催の無料セミナーに参加したことでした。セミナー講師は社長自らがつとめ、セミナー後の個別相談会では社長が相談に乗ってくれました。私はまさしく「カモネギ状態」で相手の罠にひっかかってしまったわけです。「タダだからお得」と思い込んで無料セミナーに参加したつもりが、とんでもなく高い勉強代を払わされる結果になったのです。

話をセミナーに戻しましょう。

セミナーすべてが危険だといっているわけではありません。有料で開催されるセミナーには、有益なものが多いです。有料セミナーは、主催者側も受講者側も、どちらも真剣に参加する傾向があります。

ある有名なセミナー講師から伺った話ですが、無料セミナーは当日のドタキャンが多いそうです。また、セミナー終了後の受講者アンケートは、会場の室温に対する要望、椅子の座り心地など、セミナー内容とは直接関係のないコメントが多いのだとか。セミナーに参加する意識そのものが、無料と有料では大きな差があることを表していますね。

セミナーはライブですから、会場の雰囲気や他の参加者の雰囲気もセミナーの質に影響します。コアな内容のセミナーには、同じような価値観の人が必然的に集まるものです。自分がどんな属性の人たちとつながりたいかを意識してセミナーを選ぶと有益な体験ができる可能性が高いです。

初めてのチャレンジや難しい交渉ごとは、プロを味方につける

初めてのことにチャレンジするときは、信頼できるプロに相談しながら進めることをおすすめします。特に不動産は動かすお金が大きいので、信頼できる人の意見を聞きながら慎重に進めるべきです。

前節でも触れた「かぼちゃの馬車シェアハウス」の購入時に、私たち夫婦は誰にも相談せず早急に購入して、結果的にとても痛い目に遇いました。

あのとき、どうして専門家に相談しなかったのだろう。専門家とまでは言わないまでも、せめて先輩大家の誰かにアドバイスをもらっていたなら、危険を察知して手を出さなかったはずです。

危険を回避する術を知ってさえいれば、不動産投資をむやみに恐れる必要はありません。

より良い人生を過ごすためにも、正しく楽しく不動産投資に挑戦していただきたいと願っています。

さて、法律のプロである弁護士に私が初めてお世話になったのは「かぼちゃの馬車シェアハウス事件」の被害者であることが判明したタイミングでした。

幸い何でも相談できる弁護士先生と出会えたのですが、話を聞くうち、いかに自分が甘かったかを痛感することになります。

まず、管理会社と締結していた「30年間のサブリース契約」は、法的に有効ではないこと。かぼちゃの馬車のスキームは、S銀行も絡んだ不正融資だったこと。相場より2～3割の高く物件を買わされていたことなど、次々と実態が解明されて、悔しいやら情けないやら。

上乗せされた高めの購入金額を、借入金利3・5～4・5％という高利息で借り入れていたので、毎月の借入金返済額も必然的に高額でした。保証会社からサブリース料金が入っていたときは黒字で回せていたものの、サブリースが破綻した途端、たちまち大赤字に転落しました。

不動産業者と一緒に販売促進していたS銀行に、担保価値以上の融資をした責任の一部を負担してもらうべく、世田谷のシェアハウスに関しては、金利の減額交渉を行なうことにしました。他の金融機関からは、とても評価を出せないと借り換えを断られた物件です。大きな銀行相手に、自分たちだけで立ち向かうのは困難と考えて、弁護士に代理人になってもらいS銀行に交渉してもらいました。その結果、金利下げに早めに応じてもらうことができました。

学びや人脈づくりのための自己投資は「必要経費」と考えよう

この世の中で、いつでも持ち運べて邪魔にならず、誰でも持っている大切な資産があります。それは「あなた自身」です。

一度身につけた知識や教養、特殊な技能、信頼で結ばれた人脈などは、誰にも盗まれることはありません。お金など他の資産に変えたり、新たに生み出したりすることが可能な大切な資産だと言えます。

自分自身の資産価値をさらにアップさせるために、学びや人脈つくりは積極的に行いましょう。そのためにかかる費用は、人生を豊かにするのに欠かせない「必要経費＝自己投資」だと考えてください。

ただ、自己投資には正しい順番があります。

1. 理想の将来像を考える（イメージ化）
2. 勉強（インプット）
3. 行動、実践（アウトプット）

まずは理想像を明確にすることが大切です。カラー写真でイメージしてみて下さい。目的達成のための自己投資として、いくらまで時間とお金をかけることができるか、いつまでに達成するか見積もりと計画を立ててみてください。

自己投資においては「損して得取れ」が、基本の考え方。お金が減ったように見えても、将来的に大きな利益になって返ってくるとすれば、結局は得になります。自己投資することで、一瞬お金という資産が減ったように見えても、形を変えて自己資産は増えているのです。

「見積もりや計算は苦手」というあなたでも大丈夫。そんなに細かく作る必要はありません。書き方のルールも特にありません。自分で理解できればＯＫ。具体的なイメージを持つと共有すると成功率が高まるのだとか。

私は、手帳に落書き程度に見積もりと計画を書きながらイメージするようにしています。紙に数字を簡単に書くだけでも頭の中が整理されて、自分の意識にインプットすることができるので、書くこともポイントです。

勉強方法としては本やネットがポピュラーですが、一番おすすめはライブです。セミナーやコンサル、あるいは講座や塾などで、すでに成功している専門家や先人に会って直接学ぶのが早くて確実。会場では成功者からのエネルギーも伝わってきます。

素人が失敗する理由のひとつに、成功者の話を聞いても素直に真似をせず、自分流にアレンジしてしまうことがあります。

教わったとおりに真似すればいいだけなのに、「こうしたほうがもっといいかも」と勝手にアレンジすることによって、かえって遠回りになったり、成功から遠のいたりしているのです。

どんな学びも習い事も基本が肝心。応用するのは、基本を完璧に再現できるようになってからで遅くはありません。

そして学んだあとは、ひたすら行動あるのみ。実践してナンボです。

相談できる「大家仲間」を作ろう

私は、自己投資に相当お金をかけてきました。学生時代から学費も自分で払っていたので、20歳頃からアラフォーの今までの約30年間で、学びに使ったお金は1000万円は超えているはずです。

不動産投資を始めてからは、不動産系や成功法則を学ぶ高額な塾に入って、それぞれの分野で成功されている専門家の先生から直接学ばせてもらってます。これらの学びは、現在も進行形です。

塾というコミュニティには、似たような価値観を持った生徒が集まってきます。単発のセミナーでは仲間を作ることは難しいです。私が通った塾は毎月の開催で、勉強会の後には懇親会もあります。一緒にお酒を飲みながら本音で話すうちに、相性が良い人といつの間にか仲良くなれるのです。

不動産投資を始めて以来、毎年どこかの「大家塾」に入るようにしています。塾の開催期間は半年から1年ぐらいのものがほとんど。卒業後はそれぞれの受講仲間と定期的に懇親会を開いたり、LINEやSNSで情報交換をしたりしています。

集まる顔ぶれは、私と同じように会社員をしながら大家業を始めた人たちがほとんどです。境遇も価値観も似ているので会話をしていて楽しいです。会社の同僚のような利害関係もないので、本音で話せる関係です。疑問に思ったことなどを相談すると、必ず誰かが知恵を出してくれるので頼りにしています。

友人のアドバイスで展開したエピソードです。

２０１８年は地震、台風、豪雨などの被害に遭った住居がたくさんありましたが、私の所有物件でも5月に購入した大阪・堺市の築古の戸建てが台風被害に遭いました。

物件は台風21号の風災で瓦が飛ばされ、２階の屋根が跡形もなくなりました。外壁の一部も崩れて窓ガラスも割れました。雨漏りが発生して和室の畳や壁はカビだらけという悲惨な状況でした。

唯一の救いは、まだ賃貸募集中で入居者がいなかったこと。もしも誰かが住んでいたら、ケガ人が発生していたかもしれません。代わりの住まい探しなどの手間も生じて、もっと大変だったと思います。

関西空港が水浸しになり、橋が崩れて陸の孤島になったり、駐車場の車が次々と風で飛ばされ横転するなど、関西圏に大打撃を与えた台風21号。当然、私の物件だけではなく、街の至るところで被害物件は相当数でした。

あまりにも数が多く、修繕しようにも業者が見つからないという事態になっていました。完全な職人不足で見積もりさえも受けてもらえません。とりあえず屋根の応急処置だけでもと思っても、大阪近郊のホームセンターではすでにブルーシートが売り切れ状態でした。

途方にくれていたところ、ＬＩＮＥグループの仲間の一人が「東京の業者に、大阪まで行ってくれるように頼んでみたら？」とアドバイスをくれました。

そのとき、兄の顔が浮かびました。兄は現在、墓石職人をしていますが、もともとは建設業の経験者。きっと職人仲間がたくさんいるはず。

それまでは不動産業のことを話していなかったのですが、事情を話すことにしました。すると兄はすぐに職人仲間を数人手配してくれて、数日後にはチームで大阪に行って緊急対応してくれたのです。


その後も台風が容赦なくやって来て、２週間後の台風24号では、大家仲間の一人が所有する東京都町田市のアパートが深夜に被害に遭ってしまいました。

大家仲間には、台風被害の物件を兄に対応してもらった経緯を情報共有していました。それで、朝早くに「お兄さんにお願いしたい」というＳＯＳが。兄に連絡したところ、快く引き受けてくれました。連絡した当日中に物件の様子を見に行き、翌日には足場を組んで雨漏りの緊急対応を完了してくれました。

緊急訪問時の写真では、2階の室内の天井に大きな穴が開いていて、室内から青空が見えていました。迅速に対応してくれる人がいなかったら、さらに被害が広がったに違いないです。


人生は、何がご縁でつながるかわかりません。自分が受けた恩を、いただいた本人には返せなかったとしても、別の誰かに返していくことで、回り回って、返したい人にも〝恩送り〟できるのではないでしょうか。

同業の仲間がいるというのは、本当に心強くて鬼に金棒です。まだいらっしゃらない人は、ほんの少しだけ勇気を出してどこかのコミュニティに入って、信頼できる相談相手を見つけてみてください。

人脈という財産ができることは、塾やコミュニティに入ることの大きなメリットです。人とつながることで、また新たな情報やチャンスが運ばれて来るので、積極的に参加することをおすすめします。

本当に欲しい条件じゃない物件に目移りしない

不動産の物件サイトを検索しているとたくさんの物件があって、あっという間に時間が経過してしまいます。

気になる物件を見つけると、情報を掲載している仲介業者に資料請求をするのですが、その前にその業者が扱っている他物件を見たりして、何系が得意な会社なのか探ります。会社情報に載っている「都道府県知事の承認番号」もチェックです。この番号で、業者経歴がどれくらいなのかが判断できます。

番号が（1）なら認可を受けてからまだ5年以内だとわかります。5年ごとに更新してカッコ内の数字が大きくなっていくのです。つまり数字が大きいほど営業年数が長い会社ということなので、信頼度が高いです。ひとつの物件を複数の仲介会社が取り扱っている場合などの業者選びの参考にしてください。

その他の判断基準としては、仲介物件の業者種別が「一般」か「専任」かということ。専任業者は直接オーナーから物件を委託されているので、より細かい情報を持っている可能性が高く、価格交渉もしやすくなります。

そして、取引形態欄に「代理」や「売主」と書かれている物件は、仲介手数料がかからなくてベターです。ただその分、物件価格に上乗せ、強気な価格で販売されている可能性もあるので、相場をよくみて比較検討するようにしましょう。

業界用語では「千一《センイチ》」のとおり、1000軒の情報を見ても、本当に良い物件は1軒ぐらいしか見つからないと言われます。あきらめずに探し続けるしかありませんね。

・100軒見て2〜3軒に絞る
・業者に資料請求する
・ピンときたら現地を見に行く

この流れを10回くらい繰り返して、やっとひとつの物件を購入というのが正当な方法と言われてます。ただ、あまり資料請求しすぎると、あちらこちらから営業電話がかかってくるので、注意してくださいね。

良い物件を探すには、時間と労力が必要です。だから範囲や条件を決めておき、その中で探すようにしましょう。

慣れないうちは希望条件をきちんと紙に書き出し、常にそれを意識しながら探すといいです。例えば私なら「東京都、自宅から30分圏内、利回り10%以上」。

物件探しは、こだわりがあってもいいのです。掘り出しモノを見つける感覚で、自分がワクワクする物件をぜひ探し当ててください。

女性にありがちな「リフォーム」への過剰投資

賃貸物件でも自宅でも、女性のほうがリフォームにお金をかける傾向があるようです。お金をかけるうちはまだいいですが、中には〝お金をかけ過ぎる〟人もいるので、自分にその傾向がないか注意してください。

特に初心者は、お金をかけるコツがわからないのでムダにお金をかけがちなのだとか。つい自分が暮らすことをイメージしてしまって、自宅同様のリフォームをしてしまうわけです。自宅を自分好みにリフォームするのは自由ですが、収益物件にお金をかけ過ぎるのはよくありません。

不動産投資はビジネスです。安いコストで、いかに高く貸せるかが勝負。自分が必要と思っても、入居者は、そこまで求めていないかもしれません。自分ではなく、入居者のニーズを考えましょう。

リフォーム費用の一般的な目安としては、月額家賃の3ヶ月～1年程度といわれています。仮に1年分をかけたとします。それはすなわち、丸々1年間の家賃収入がなかったのと同じこと。そう考えると恐ろしくなってきませんか？

リフォーム業者からの見積もりは、最低でも2社以上から、相見積もりを取りましょう。その場合、同じ日に時間を区切って業者さんを呼ぶ方法がいいといわれています。業者さんにも、きちんと他社からも見積もりを取ることを伝えて、フェアに価格を出してもらうといいでしょう。


私が大阪府堺市の戸建てを購入したときも、内装をどこまで手入れするか悩みました。想定家賃が6万円弱。内装業者から提出されたリフォーム代金は、賃料の4ヶ月程度で妥当な金額でした。内容は安いクロスへの張り変えと、クリーニング代金。

悩んだ末、和室の畳の交換だけ行って、かけた費用は家賃1ヶ月分だけにしました。自分たちで丸一日かけて大掃除をして、クリーニング代金の見積額8万円をセーブしました。ただ、リフォーム代の節約には成功しましたが、その後、この物件に悲劇が襲ったのは前節のとおり。大型台風の被害に遭ってしまったのです。

せっかく綺麗にして入居者を待っていたのに……とかなり落ち込みましたが、ものは考えよう。リフォーム業者を入れず簡易リフォームしただけだったので、ダメージは少なく済んだとも考えられます。最終的には火災保険で元に戻せて入居者も決まったので、結果的にはラッキーでした。

リフォームのタイミングや費用対効果については、大家の悩みどころのひとつです。貸す側も借りる側も満足度が高く、それでいて過剰な費用をかけないようにするのが理想的なリフォームです。入居前にやるのではなく、希望に応じて対応するというのもいいかも知れません。

例えば、トイレのウォシュレットのプレゼント。「希望者にはおつけします」と、内覧のときは箱に入った状態の新品を置いておき、希望されてから初めて取りつけます。プレゼントなので、修理は自身で対応してもらう条件つき。

いかがでしょう？　アパートの募集時には、この対応をとって喜ばれました。

とにかく市場の需要をよく見て、過当な供給や自己満足にならないようにするのが、賢いリフォームのポイントだと思っています。

シェアハウス投資のネックになるもの。それは「光熱費」

私の所有する築3年のシェアハウスは、現時点では毎月数万円の赤字です。

先述の「元かぼちゃの馬車のシェアハウス」の、30年間のサブリース保証がなくなったあと、苦戦しています。

借入期間は30年ローンですが、高額で購入してフルローンで借入しているため、借入金の返済比率は高めです。シェアハウスは利回りが良いと言われていますが、普通のアパートより運営費用がかかります。

各種費用の中で、特に電気代金が高いです。夏場などは、5万円近くになる月もあります。入居者が支払う水光熱費は共益費に含まれていて毎月定額なので、節約という意識が入居者には欠けている気がします。少しでも節約するため、電力会社の変更をしました。東京電力から「Looop でんき」に変更してみて、毎月3000円程度は安くなっているようです。

シェアハウスは手間暇がかかり、決して楽に儲かるビジネスではありません。

また「簡単に入りやすく、出ていきやすい」のが特徴なため入居者の入居期間が短く、回転率が高いです。試算は、半年程度で退去されることを想定しておくほうがいいです。空室が出るたびに次の客付けのための広告費用や仲介業者へのお礼も発生します。

今の私の目標は、シェアハウスでの単体・黒字化です。数字でそれぞれの支払いを見ていくと、具体的な方向性が見えてきます。黒字化のためには「収入を上げて、費用を抑える」これしかありません。

満室化、民泊運営でのプラスαの収入（＋10万円アップ）。自主管理で管理委託費をカット（マイナス3万円）。入居者には、電気、ガス、水光熱費の節約の働きかけの啓蒙（マイナス○千円？）……などなど、改善する可能性はまだまだあります。

今、自分にできることを自分で考えて、行動することを、これからも続けていきたいと思います。

7 こうすれば不動産投資の「落とし穴」にハマらない

シェアハウスの個室

おわりに

最後までお読みくださり、ありがとうございます。

本文の中でも触れていますが、私は世間を騒がせた「かぼちゃの馬車シェアハウス事件」の被害者です。

不動産投資を勧めているくせに、自分は投資被害に遭うなんて、それってどうなの？　と、引いている人もいらっしゃるかも知れません。

私は、だからこそ、自分の愚かな体験もあえてそのまま公開すべきだと思いました。不動産投資はいいことばかりではなく少なからずリスクもあるということをお伝えしたかったのです。

シェアハウス投資で騙されたことは、「バカだったな～」と反省しています。

ですが、自分を責めたりはしていません。当時の私は、目の前の案件が最善策だと思ってトライしたのですから。トライした結果は失敗。大事なのは、今から先をどう生きるかということです。

トライしなければ、進歩することもありません。トライするすべてが失敗するわけではなく、むしろ「やって良かった」と思えることのほうが断然多いのです。

失敗したときの自分を反面教師としながら、常に軌道修正をして、学びながら、少しずつ前に進んでいます。

私の失敗や経験をすべてシェアすることで、あなたの気づきや、きっかけになればと思い、執筆を決意しました。

もしも私が妊活に成功して子どもを授かっていたら、と考えることがあります。不動産投資にチャレンジすることはなかったはずです。

そして、もしも私がシェアハウス投資詐欺事件の被害に遭っていなかったら。未だに不動産投資初心者の域を出ないままだったでしょう。シェアするようなこともなく、本の出版など考えもしなかったと思います。

そう考えると、どんなことでも人生の糧になるし、時間の経過とともに「貴重な経験値」となるわけです。失敗も含めて、人生にムダなことはひとつもないようですね。


人生の幸運と不運。吉と凶。チャンスとピンチ。誰の人生にも、すべて同じ数だけ訪れているそうです。ただ、そのことに気づくかどうか、どこにフォーカスを当てるかなのです。

平均寿命が長くなったとはいえ、人生には限りがあります。折り返し地点付近にいる私やあなたは、今をどう過ごすかで人生の後半戦の良し悪しが決まるのです。

それに気づいたら、迷っている時間がもったいないですね。もちろん、まだまだ遅くなんかありません。たった今から、自分の望む未来に向けて行動しましょう。

誰の身にも公平に良いことは起きます。そのことを信じて、日々感謝を忘れず、ポジティブに過ごしてください。

最後になりましたが、今回の出版を通して私の情報を発信するチャンスをくださったすべての方々、シェアしてくださった読者の皆さまに感謝します。ありがとうございました。

２０１９年４月　花咲美樹

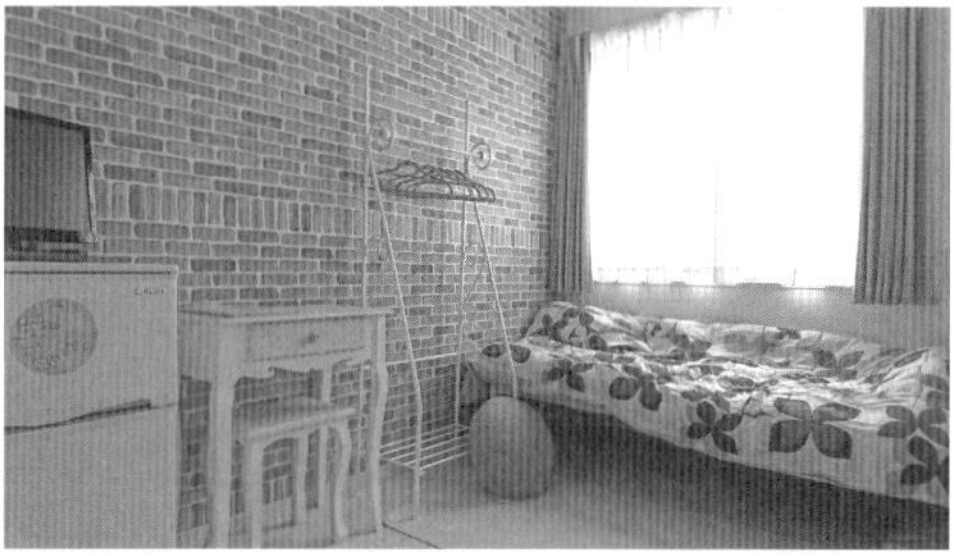

シェアハウスの個室

花咲美樹（はなさき・みき）

「幸せなお金の貯め方と使い方」伝道師

東京都在住。複雑な家庭環境の元、幼少の頃からお金の問題に触れながら育つ。都立商業高校から、学習院大学へ進学。卒業後はメーカー系列商社に就職する（現在も勤続中）。26歳で板橋区の築古・中古マンションを購入。ボランティア休暇で青年海外協力隊員として2年間フィリピンへ。帰国後に復職。35歳で品川区の新築タワーマンションに買替え。結婚して2年後に品川区内に自宅を建設する。40歳で妊活を断念してからは、DINKsとして自己投資に方向転換。各種セミナーに参加し、学びに累計金額1000万円以上を投資して、次々と資格を取得。2015年から不動産投資を始め、ハイスピードで資産3億円を形成する。

現在は、OL兼自主管理大家業をやりながら、投資の実践経験や各種の資格を活かして、「幸せなお金の錬金術、人生の楽しみ方」のレクチャーを行なっている。

夫＆愛猫2匹と同居。モットーは「今を楽しく生きる。お金は使いながら貯める!」。

取得資格
宅地建物取引士
日本FP協会認定 AFP・2級ファイナンシャルプランナー
日本ソムリエ協会認定 ワインエキスパート
国際レイキ普及協会認定 レイキティーチャー＆ヒーラー

花咲美樹のホームページ
https://hanasaki-miki.com

サイトはこちらから→

シェアハウスのご紹介

シェアハウスは、色々と煩わしそうだと思っていませんか？

実は全然そんなことはなくて、お得な点が多いです♪

一番は、なんといっても経済的なこと☆☆☆

シェアハウスは敷金・礼金・仲介手数料が不要なところがほとんどです。

一般的なアパートに入居する場合、必要な初期費用は平均20～30万円と言われていますが、シェアハウスなら10万円前後でOKです。

また、シェアハウスは駅から近くの便利な場所にあるケースが多いので、通勤や通学に便利です。

何かとお金のかかる東京生活。毎月の住居費をおさえて、自分の夢のために、お金や時間を使ってはいかがでしょうか？

シェアハウスの個室は、鍵付きで安心です。部屋の広さは4畳から6畳が標準サイズ。個室にはエアコン、ベッド、冷蔵庫、机、TV、クローゼット等が備え付けられていて、インターネット（WiFi）も完備されていることがほとんどです。

入居時にインターネットや水道光熱費の個別申込は必要なく、すぐに使えるのはとても便利です。

シェアハウスの特徴は、キッチン、シャワールーム、トイレなどの水回り設備が共用な点。キッチンには、電子レンジや炊飯器、電気ケトルの家電類や、鍋や食器も備えがあり、洗剤やトイレットペーパー等の消耗品も用意されています。まさにスーツケースで引っ越しが可能なのが、シェアハウスなんです。


私の管理しているシェアハウスをご紹介します♪

当ハウスは「家族のように、一人一人の東京での夢の実現を応援する家」でありたいという願いをこめて、ハウス名は「Dream」と名付けました。

個人運営のため、オーナー兼管理人の私と入居者の皆さんと、一緒に相談しながら、住み心地の良いハウス作りを行なっています。オーナーが管理しているので、対応＆サポートが迅速なことも特徴です。

ハウスの場所は、通勤・通学に便利な東京の城南地区・大田区。最寄り駅は京

「おふたりさま」の
賢《かしこ》いお金《かね》のまわし方《かた》
DINKs《ディンクス》なら低《てい》リスク不動産投資《ふどうさんとうし》で豊《ゆた》かに暮《く》らそう！

2019年4月11日初版第1刷

著　者　花咲美樹

発行人　松崎義行
発　行　みらいパブリッシング
〒166-0003 東京都杉並区高円寺南4-26-5 YSビル3F
TEL 03-5913-8611　FAX 03-5913-8011
http://miraipub.jp　E-mail : info@miraipub.jp
編集　廣田祥吾
編集協力　花房直美
ブックデザイン 堀川さゆり

発　売　星雲社
〒112-0005 東京都文京区水道1-3-30
TEL 03-3868-3275　FAX 03-3868-6588
印刷・製本　株式会社上野印刷所

ISBN978-4-434-25870-1 C0034